열 가지 명령

이학수 지음

YEWON BOOKS

열 가지 명령

초판 1쇄 발행   2020년 6월 15일

지 은 이   이 학 수
펴 낸 이   유 성 아
펴 낸 곳   예원북스
일러스트   이 예 람
교   정   김 호 연
주   소   서울특별시 중구 을지로148 (1402호)
전   화   02-6959-8310(代)
팩   스   02-2272-8311
홈페이지   www.yewondnp.com
등록번호   제 2018-000072호
I S B N   979-11-965390-2-3

이 도서의 국립중앙도서관 출판시도서목록(CIP)은 서지정보유통지원시스템 홈페이지 (http://seoji.nl.go.kr)와 국가자료공동목록시스템(http://www.nl.go.kr/kolisnet)에서 이용하실 수 있습니다. (CIP 제어번호 : CIP2020022448)

프롤로그 Prologue

나는 일찍이 목회자의 꿈을 꾸었으나 말씀에 대한 지식이 부족하여 결단을 내리지 못하고 주변에서 불어오는 유혹의 바람에 휩쓸려 한발은 교회에 또 다른 한발은 세상에 두고 살았었다.

이후 뒤늦게 후회하고 가슴을 치며 통곡한 사실은 과거 나는 그리스도인이라 칭하고 다니면서도 세상과 더불어 죄를 짓는 자신을 보며 아무런 죄책감이 없었다는 것이었다. 이유는 주님의 십자가 보혈로 용서를 받았으니 나는 분명 천국에 갈 수 있을 것이라는 해괴망측한 자신감에 사로잡혀 세상에서 어정쩡한 모습의 그리스도인으로 살고 있었기 때문이다.

그러던 중 지속적인 주님의 부르심에 결국 복종하고 2011년, 신대원에 입학하여 교수님으로부터 개혁주의 신학의 관련된 말씀을 듣게 된 게 삶의 전환점이 됐다. '십계명은 구약시대에서 끝난 말씀이 아니라 지금도 그리스도인들에게 여전히 유효한 말씀'이라는 사실을 깨닫게 되었다. 그러므로 십계명은 오늘 날 성도가 반드시 지켜야 하는 하나님의 명령이라는 말씀이 큰 충격으로 다가 왔다.

이후 성도가 일상에서 어떻게 십계명을 지키며 사는 것인지 궁금해지기 시작했다. 그리고 십계명에 관련된 여러 책들을 읽고 난 후 자신이 지금까지 하나님 말씀과 동 떨어진 생각과 태도로 살아왔다는 것을 나이 마흔이 넘어서야 깨닫고 회개하게 되었다.

회개 이후부터 일상에서 십계명을 어떻게 지키며 사는지 연구하기 시작했다. 하나님을 사랑하는 것과 이웃을 사랑하는 태도는 어떤 것인지가 주된 질문과 연구 주제였다.

연구를 해나갈수록 의외로 답은 아주 간단했다. 하나님을 사랑하는 것은 이웃을 사랑하는 것이고, 이웃을 사랑하는 것이 하나님을 사랑하는 것이었다. 나는 과거 이같은 진리를 지식으로만 알았지 반드시 지키며 살아야 하는 진리라는 것을 주의 깊게 인식하지 못했던 것이다.

2011년 신학생 시절, 학교 기숙사에 머물며 세상에서 그리스도인으로서 무너진 삶의 다양한 경험들을 기록하기 시작했다. 기록하고 연구를 지속한 결과와 열매가 비로소 2020년에 책으로 엮어지게 됐다. 나와 같이 그리스도인으로서 어떻게 사는 것이 하나님을 기쁘게 하는 삶인가 고민하는 이들에게 이 책을 통해 함께 고민하고 해답을 찾아나가게 되기를 권하고 싶다.

더불어 이 책을 완성하기까지 일러스트로 지면을 수려하게 빛내주고 이십대의 눈높이로 글을 쓰도록 도와준 큰 딸 예람이에게 고맙다는 말을 전하고, 지금도 어려운 살림에 고생하는 아내와 아빠의 뒤를 이어 목회자가 되겠다고 신학생이 된 기특한 둘째 딸 하람이를 포함한 가족 모두에게 오랜 가뭄 끝에 해갈된 마음으로 고맙다는 말을 전한다.

마지막으로 이 책을 출판할 수 있도록 편집과 많은 조언으로 도와주신 예원북스 대표님과 몸이 불편한 가운데에서도 글쓰기를 도와 준 호연 형제에게도 감사의 말을 전한다.

목 차

서론

십계명은 왜 중요한 걸까?

1. 십계명은 지키라고 주신 것입니다.

한국교회는 십계명을 가볍게 여기는 경향이 있습니다. 그러나 십계명은 성도가 이 땅에서 바른 신앙의 모습으로 살아갈 수 있도록 가르쳐 주는 너무나도 중요한 계명이며, 성도라면 반드시 알아야 하는 내용입니다.

저명한 복음주의 신학자인 '제임스 패커(James Innel Packer, 1926-)'는 자신의 글에서 "신자가 하나님을 닮았는지, 아니면 마귀를 닮았는지를 쉽게 알 수 있는 방법이 있다. 그것은 바로 신자가 십계명을 따라 살아가는지 그렇지 않은지를 보는 것이다"라고 말하고 있습니다. 그만큼 십계명이 신자의 삶에 중요한 요소임을 강조하고 있습니다.

십계명은 구약에서 하나님과의 관계를 유지하기 위한 최소한의 울타리 역할을 감당했습니다. 타락한 인간이 십계명을 지킴으로써 영원히 하나님과 멀어질 뻔한 관계를 지속할 수 있게 지속할 수 있게 됐기 때문입니다.

복잡하고 다양한 기능을 가진 디지털 제품을 새로 구입하면, 우리는 제품설명서를 제일 먼저 살펴봅니다. 기계가 어떤 기능을 가지고 있는지, 그 기능을 사용하려면 어떻게 해야 하는지를 쉽게 파악하기 위해서입니다.

타락한 인간이 죄로 인해 손상된 인간 본연의 기능들을 올바로 사용하기 위해서는, 설명서를 보듯이 십계명을 보면서 먼저 자신의 상태를 점검해볼 수 있어야 합니다. 그런 다음에 십계명을 배우고 지켜갈 때, 우리는 하나님과 바른 관계를 유지할 수 있게 됩니다. 그로 인해 인간 본연의 모습과 기능을 회복하고, 기쁨과 축복이 있는 삶을 살아갈 수 있습니다.

2. 십계명에 대한 오해

십계명에 대한 가장 큰 오해 중 한 가지는 십계명이 두 개의 돌판에 나누어져 기록되었다고 보는 견해입니다. 1계명부터 4계명까지는 첫째 돌판에 기록이 되었고, 5계명부터 10계명까지가 둘째 돌판에 기록이 되었다고 보는 것입니다.

이렇게 생각한 데에는 나름의 이유가 있습니다. 1계명부터 4계명까지의 내용은 '하나님에 관한 명령'입니다. 즉, 하나님을 어떻게 사랑하고 섬겨야 할지에 대해 적혀 있습니다(대신관계). 나머지 5계명부터 10계명까지의 내용은 '이웃에 관한 명령'입니다(대인관계). 이웃을 어떻게 대해야 하는지, 어떻게 사랑해야 하는지에 대한 명령인 것이죠. 따라서 학자들은 정통적으로 십계명의 내용을 2가지로 분류하여 두 돌판에 기록하였다고 생각했습니다.

그러나 이 견해는 역사적 배경에서 살펴보았을 때 설득력이 부족해 보입니다. 과거 고대 근동지방에서는 한

국가가 다른 국가를 점령했을 때, 국제적으로 조약을 맺고 그 나라를 다스리게 했습니다. 이때 2개의 돌판에 조약 내용을 똑같이 기록한 다음, 한 돌판은 지배국이, 또 다른 돌판은 피지배국이 보관토록 했습니다. 서로 조약을 공평하게 지키기 위함이었습니다.

따라서 십계명도 각각의 돌판에 모든 십계명을 기록하고서는 한 돌판은 하나님이 자신을 위한 것으로 두셨으며, 또 한 돌판은 이스라엘 백성을 위해 주셨다고 보는 것이 더 맞습니다. 오늘날 세입자가 집 계약서를 쓸 때에 두 장을 똑같이 쓴 다음, 집 주인과 세입자가 나눠서 가지는 것과 같습니다.

그러므로 십계명은 과거에 유물이 아닙니다. 현재 나에게 유효한 하나님 말씀이며 유지되고 있는 하나님과의 계약입니다.

3. 타락한 세상의 빛과 소금 '십계명'

이 세상이 완전히 타락했음을 알 수 있는 사실 중 하나는 사람이 사람을 지배하고, 억압하는 일들이 번번이 일어나고 있다는 것입니다. 심지어 사람들은 자신의 비전과 야망을 실현하기 위해 이웃을 나의 도구로 이용하는 일도 서슴지 않고 저지릅니다.

최근, 지인을 만나기 위해 남산에 위치한 한 호텔에 찾아간 적이 있습니다. 그 호텔에 근무하던 지인은 제게 재밌는 이야기를 하나 들려주었습니다. 이 호텔에 VIP를 위한 멤버십 제도가 있는데, 멤버십의 자격조건은 보증금 1억5천만 원을 내고 그것도 모자라 매달 400만 원씩을 지불해야만 이 멤버십이 유지된다고 합니다. 대신 VIP는 호텔의 모든 시설을 무료로 이용할 수 있으며, 항상 최고의 서비스를 제공받는다고 했습니다.

그런데 호텔에서 VIP 멤버십을 파격적으로 싸게 파는 일이 생겼습니다. 최근 들어 발생한 호텔의 경영 위기를 타개해보고자 이벤트성 기획을 인터넷으로 열게 된 것입니다. 그러나 이 기획은 열린 지 얼마 안 돼 곧 없던 일이 돼버리고 말았습니다. 기존 VIP 고객들의 거센 항의 때문이었습니다.

"내가 일반인들과 똑같은 대접을 받자고 이 호텔에 많은 돈을 지불한 줄 아느냐. 당장 인터넷에 올라간 멤버십 이용권을 내리지 않으면, 다시는 이 호텔을 이용하지 않겠다." VIP들의 강력한 경고(?)에 결국 호텔 경영자가 긴급히 이 기획을 취소하게 된 것입니다.

이 에피소드를 통해 저는 세상의 가치에 대해 깊이 깨닫게 되었습니다. 세상의 기준은 남들 위에 서고자 하는 데 있습니다. 자신들이 다른 사람들보다 위에 있음을 느끼면서 기쁨을 느끼고, 자신은 우월하다고 생각하는 것입니다. '남들과 다른 특별한 사람이 되는 것' 이것이 바로 세상이 사람의 가치를 평가하는 방식입니다.

헌데 교회를 다니는 성도들 중에서도 이러한 생각을 가지고 있는 사람들이 있습니다. 자신도 모르게 세상의 가치에 물든 채, 그 가치를 따라 살고 있는 것입니다. 그 사람들은 다른 사람들의 위에 서기 위해 하나님의 계명을 우습게 여깁니다. 십계명을 지켜야 한다고 말하면 "십계명을 모두 지키는 건 불가능한 일이다. 일부분만 지켜도 된다."라고 하며 자신의 신앙을 정당화합니다.

그러나 이는 하나만 알고 둘은 모르는 것입니다. 분명 인간이 하나님의 모든 율법을 지키는 것은 불가능한 일입니다. 십계명조차도 인간이 지키기엔 불가능한 일임에는 분명 틀림없습니다. 그러나 그리스도인이라면, 십계명을 지키지 못하는 자신을 보며 죄인임을 깨닫고 부끄러워할 줄 알아야 합니다. 율법을 지키며 살아가는 것이 사실 올바른 삶인데, 그렇지 못한 자신을 보고 회개하며 살아가야 합니다.

모세는 십계명에 대해 말하기를 "내가 오늘 네게 명령한 이 명령은 네게 어려운 것도 아니요 먼 것도 아니라"고 말합니다(신명기 30:11). 또한 "오직 그 말씀이 네게 매우 가까워서 네 입에 있으며 네 마음에 있은즉 네가 이를 행할 수 있느니라"라고 말합니다(신명기 30:14).

이 말은 우리가 계명을 지킬 수 없는 존재라고 해서 거기에 대해 가책을 느끼지 않아도 되는 것이 아님을 말하고 있습니다. 여기서 어려운 것, 먼 것이라는 단어의 원어는 '놀랍고 기묘한 것'이라는 뜻을 가지고 있습니다. 즉, 계명은 우리가 이해할 수 없을 만큼 어렵고 먼 것이 아니라는 뜻입니다. 우리가 계명을 이해할 수 있다는 것은, 계명이 올바른 것임을 깨달을 수 있다는 것입니다. 그렇다면 항상 계명을 지키지 못하면서도 가책을 느끼지 않는 우리의 양심이 어떻게 올바른 상태라 할 수 있을까요? 인간은 율법을 이해하는 존재이기에 그렇게 살아서는 안 됩니다. 모세는 이것에 대해 지적하고 있습니다.

또한 '이를 행할 수 있느니라'라는 말은 말씀이 입에 있고 마음에 있을 때라는 조건을 달고 있습니다. 즉, 말씀이신 예수님이 우리 안에 있을 때, 우리가 율법을 행하는 존재로 거듭나게 된다는 것입니다. 우리는 예수님을 통해 모든 율법은 아니더라도, 점차 하나님의 율법을 거스르지 않는 존재로 변화하게 됩니다. 이것이 성화입니다. 그런데 성화를 거부하고, 이런 변화를 받아들이지 않는다면 회개해야 합니다.

4. 십계명을 지키면 뭐가 좋지?

하나님의 말씀을 지키며 사는 삶에 유익이 있다는 것은 분명한 사실입니다. 하나님이 자신의 말씀을 지키는 자들에게 복을 주실 것이라고 약속하셨기 때문입니다.

"너희 하나님 여호와께서 너희에게 명령하신 모든

도를 행하라 그리하면 너희가 살 것이요 복이 너희에게 있을 것이며 너희가 차지한 땅에서 너희의 날이 길리라"(신명기 5:33)

그렇다면 십계명을 지켰을 때 우리가 얻을 수 있는 하나님의 복은 어떤 것들이 있을까요?

(1) 첫째, 하나님 앞에 죄인이라는 사실을 깨닫게 됩니다.

우리는 우리 삶에 필요한 것들을 채우기 위해 하나님을 찾습니다. 돈, 명예, 성공, 건강 같은 우리의 필요를 위해 하나님께 기도하는 것입니다. 그런 것을 위해 기도하는 것이 무조건 나쁜 것만은 아닙니다. 그러나 우리에게 하나님이 필요한 진짜 이유를 아는 것이 더 중요합니다. 우리의 죄가 우리를 사망으로 몰고 갈 것인데, 하나님이 없다면 우리는 구원받을 수 없기 때문입니다.

구원을 받기 위해서는 첫째로 우리가 죄인이라는 사실을 먼저 알아야 합니다. 우리 자신이 하나님 앞에서 죄인임을 깨달아야만 하나님 앞에서 "하나님 나를 용서해 주세요. 나를 살려 주세요. 나는 죄인입니다."라는 고백을 할 수 있습니다. 이 첫 고백은 우리를 하나님께로 인도하는 첫 걸음이기도 하지만, 끝까지 우리가 그리스도인으로서 가지고 살아야 할 우리의 마지막 고백이기도 합니다.

그렇다면 우리는 어떻게 죄인임을 깨달을 수 있을까요? 말씀만이 오직 우리가 죄인임을 깨닫게 해줄 수 있습니다. 특별히 십계명을 통해 우리는 우리 자신이 죄인임을 더 명확히 알 수 있게 됩니다. 왜냐면 이 세상에 십계명을 온전히 지킬 수 있는 사람은 단 한 명도 존재하지 않기 때문입니다.

> **"그러므로 율법의 행위로 그의 앞에 의롭다 하심을 얻을 육체가 없나니 율법으로는 죄를 깨달음이니라"** (로마서 3:20)

아무리 노력해도 인간은 십계명을 온전히 지켜낼 수 없습니다. 그 어떤 노력으로도 하나님의 말씀을 지켜낼 수 없다는 사실을 깨달을 때, 우리는 비로소 하나님 앞에 우리가 죄인이라는 사실을 깨닫고 고백할 수 있게 됩니다. 그리고 이 고백을 통해 우리는 그리스도인으로서의 첫 걸음이자, 마지막 걸음을 내딛게 되는 것입니다.

(2) 둘째, 신앙이 성숙됩니다.

과일이 풋 과일에서 익은 과일로 여물 듯이, 우리의 신앙도 풋 신앙에서 익은 신앙으로 성숙하게 되는 과정을 거쳐야 합니다. 그렇다면 신자의 신앙이 성숙했다는 증거는 무엇으로 알 수 있을까요? 바로 '겸손'입니다. 성숙한 신자일수록 자신이 한 일을 자랑치 않고 오직 하나님만을 자랑하게 되며, 자신이 죄인이라는 사실을 인정하고 자신의 부족함을 고백하는 태도가 겸손입니다.

자신이 부족한 사람임을 아는 사람은 다른 사람을 정죄하지 않습니다. 모든 사람이 똑같은 죄인임을 알기에 긍휼한 시선으로 이웃을 바라보고, 사랑할 수 있게 되기 때문입니다. 또 부족한 사람임을 알기에, 자신이 이룬 모든 일이 다 하나님의 은혜로 이루어졌다는 것을 인정합니다.

예수님은 하나님 나라에 들어가기 위해서 반드시 갖추어야 할 신앙의 태도가 있는데 그것이 바로 겸손이라고 말씀하셨습니다(마태복음 18:1~4). 십계명을 배움으로써 우리는 겸손을 배우고, 이를 통해 하나님 나라에 들어갈 수 있는 자격을 얻게 됩니다.

상상해보시자고요. 만약 모든 인류가 십계명을 다 지킨다면 이 세상은 얼마나 살기 좋은 세상이 되겠습니까?

(3) 셋째, 하나님을 아는 지식이 생깁니다.

우리가 어떤 사람을 안다고 말할 때, 무엇으로 그 사람을 안다고 말할 수 있을까요? 여러 가지 것들이 있겠지만, 그 사람의 습관이나 행동거지, 좋아하는 것, 싫어하는 것 등등을 그 사람의 속사람까지 안다고 말하는 것입니다.

이와 마찬가지로 우리가 십계명을 깊이 알게 되었을 때, 하나님이 어떤 방법으로 우리에게 행하시는지, 하나님은 무엇을 좋아하는지, 또 무엇을 행동했을 때, 싫어하는지를 잘 알 수 있게 됩니다. 그리고 이를 통해 우리는 전능하신 하나님을 더 깊이 알게 되고, 그 분과 더 가까워지게 됩니다.

이 세상에서도 검사, 변호사, 정치인 같은 세상의 권력자들을 친구로 둘 때 갖는 힘과 유익이 있습니다. 하물며 천지를 지으시고, 만왕의 왕이신 예수님을 알고, 그

분을 친구로 삼게(요한복음 11:11, 15:13-15/야고보서 2:23) 된다면 얼마나 큰 유익이 있겠습니까? 세상 권력자를 아는 것과는 비교도 안 되는 큰 힘을 가질 수 있게 되는 것입니다.

5. 십계명은 과거가 아니다

마태복음 5:17절에서 예수님은 "내가 율법이나 선지자를 폐하러 온 줄로 생각하지 말라 폐하러 온 것이 아니요 완전하게 하려 함이라"고 말씀하셨습니다. 이 말씀은 신약시대에 사는 우리들에게도 여전히 십계명이 유효하다는 뜻입니다. 예수님은 구약의 율법을 없애기 위해서가 아니라, 구약의 율법을 완성하기 위하여 이 세상에 오셨습니다. 하나님의 율법은 온전한 것입니다. 그 누구도 그 것을 폐하거나 없앨 수 없습니다(요한계시록 22:18~19).

따라서 우리는 십계명을 하나님의 온전한 말씀으로 받아들여야 합니다. 한국교회 성도는 십계명을 가볍게 생각해서도, 업신여겨서도 안 됩니다. 십계명을 거룩히 구별하여 신자로서 반드시 지키고 살아감으로써 하나님의 영광을 나타내야 합니다.

물론 앞서 말했듯, 인간은 연약한 존재이기에 십계명을 온전히 지키며 살아갈 수는 없습니다. 그러나 그렇다고 해서 십계명을 구시대적 유물로 생각하고 완전히 폐해버려서도 안 됩니다. 십계명은 우리가 하나님의 자녀답게 살아가도록 만들기 위한 하나님의 사랑의 방편이라는 것을 잊어서는 안 됩니다. 십계명을 지키려고 노력하며 살아갈 때, 우리는 하나님의 언약 아래 거하게 됩니다. 십계명을 지키며 살아가는 것이 하나님의 뜻이기 때문입니다.

십계명은 우리를 구속하는 감옥이 아닙니다. 우리를 불편하게 만드는 것도 아닙니다. 십계명은 하나님께서 우리를 사랑하셔서, 그의 사랑 안에 거하게 하려고 만드신 하나님의 사랑의 언약입니다.

1계명

1계명

너는 나 외에는 다른 신들을 네게 두지 말라

1. 하나님을 알면 다른 신을 내 앞에 둘 수 없습니다.

흔히 우리는 '어려울 때 나를 돕는 친구가 진짜 친구'라고 말합니다. 이 이야기는 우리가 실제로 어려운 상황에 처했을 때, 우릴 도와줄 수 있는 '진짜 신'이 있는 반면, 아무런 능력을 나타내지 못하는 '가짜 신'도 존재한다는 것을 말해주고 있습니다.

예전에 최고의 인기를 누렸던, '별에서 온 그대'라는 드라마가 있습니다. 그 드라마의 여주인공이었던 전지현

씨가 극중에 이런 대사를 합니다.

"내가 이번에 바닥을 치면서 기분 참 더러울 때가 많았는데, 한 가지 좋은 점이 있어. 사람이 딱 걸러져. 진짜 내 편과 내 편을 가장했던 적이 드러난다는 거야. 인생에서 가끔 큰 시련이 오는 건 한 번씩 진짜와 가짜를 걸러내라는 하나님이 주신 기회가 아닌가 싶다."

이 대사가 참 마음에 깊이 와 닿았던 것 같습니다. 십계명 중 제1계명과 깊은 연관이 있기 때문입니다. 1계명은 '진짜 신'과 '가짜 신'을 구별하는 것에 핵심이 맞춰져 있습니다. 1계명은 '하나님 외에 다른 신은 모두 가짜 신이다'라는 것을 강조하고 있기 때문입니다. 다르게 말하면 '진짜 신은 하나님뿐이다'라는 이야기가 됩니다.

1계명의 '나 외에는'이라는 뜻은 원어로 풀어서 보면 '나란히', '곁에', '내 앞에(내 면전에서)'라는 의미로 풀어 쓸 수 있습니다. 즉 1계명은 나(하나님)를 경배할 때 다른 신들을 나란히 두거나, 곁에 두거나, 내 면전에 두지 말라는 하나님의 명령입니다.

살다 보면 진짜와 가짜를 아주 쉽게 만날 수 있습니다. 그리고 우리는 진짜와 가짜가 혼동되는 세상에 살고 있습니다. 중국에 플라스틱 쌀이 있다는 사실을 아십니까? 투명한 플라스틱과 쌀가루를 반반씩 섞어 가공하여 진짜 쌀알처럼 보이도록 만든 것입니다. 겉보기에는 진짜 쌀과 거의 차이가 없습니다. 심지어 밥을 해도 윤기가 나는 것이 영락없는 진짜 밥 같습니다. 그러나 그 가짜 쌀을 먹으면 바로 배탈이 나고, 병원에 가서 치료를 받아야만 합니다. 진짜 쌀처럼 보이지만, 먹으면 바로 가짜라는 것이 들통 나고 맙니다.

우리 하나님은 어떤 분이십니까? 그 분은 우리를 너무나 사랑하셔서 십자가에 못 박혀 죽기까지 우리를 위해 희생하신 분이십니다. 이 세상에 인간을 위해 자기 목숨을 바친 신은 어디에도 존재하지 않습니다. 이 사랑을 깊이 깨달은 자는, 결코 다른 신을 곁에 둘 수 없습니다.

이 세상이 끝나는 날, 세상에 있는 모든 가짜 신들은 그 정체가 들통 나고 맙니다. 그리고 진짜 신은 바로 하나님밖에 없다는 사실이 드러날 것입니다.

2. 유일하신 하나님

우리는 기도할 때 하나님 앞에 여러 수식어를 붙이곤 합니다. 사랑이 많으신 하나님, 거룩하신 하나님, 우리의 생사화복을 주관하시는 하나님 등등 다양한 말을 붙여서 기도를 합니다. 그런데 이 여러 수식어는 단 하나의 수식어로 통일될 수 있는데, 그것은 바로 '유일하신 하나님'입니다. 이 세상에 사랑의 신은 하나님이 유일하며, 거룩하신 분도 하나님이 유일하며, 우리의 생사화복을 주관하시는 분도 하나님이 유일하기 때문입니다. 그렇기 때문에 우리는 유일하신 하나님의 속성을 잘 알고 그 분이 진짜 어떤 분인지 알아야 합니다.

인터넷에서 제 이름을 검색하면 삼성그룹의 전 이학수 부회장이 먼저 검색이 됩니다. 가끔은 제가 정말 삼성그룹의 부회장(?)이 되면 정말 좋겠다는 생각이 듭니다. 그렇지만 이름이 같다고 해서 제가 삼성그룹의 부회장이 될 수는 없습니다.

그럴 리는 없겠지만 만약 누가 제 이름만 듣고 '우와! 삼성그룹의 이학수 부회장인가 보다. 저 사람하고 친해져야지'라고 생각했다고 합시다. 저랑 친해지고 나서 자신이 생각했던 사람이 아니라는 사실을 깨닫게 되면 아마 무척이나 실망할 것입니다.

이처럼 내가 아무리 하나님을 잘 믿고, 교회를 열심히 다닌다고 해도 성경과 다른 하나님을 믿고 있다면, 이것은 심각한 문제가 될 수 있습니다. 성경에 나오는 유일하신 하나님을 믿은 게 아니라, 하나님이라는 이름만 붙여 놓고서 사실은 자신이 믿고 싶은 신을 만들어 믿은 것이기 때문입니다.

'유일하신 하나님이다'라는 뜻은 세상에 다양한 많은 이방신들이 있지만, 참 사랑의 신(神)은 우리 기독교가 전하고 있는 하나님 외에는 없다는 것을 의미합니다. 그런데 이 참 사랑은 무엇일까요? 우리는 흔히 사랑이라는 것을 생각할 때, 우리에게 무조건 좋고, 유익이 되는 것을 주는 것만이 사랑이라고 생각하는 경향이 있습니다.

쉽게 생각해서 우리가 이 세상에서 남부럽지 않게 돈 많이 벌어서, 좋은 사람 만나서, 즐겁고 행복하게 사는 것, 그것이 하나님의 사랑을 받은 증거라고 생각합니다.

"하나님께 열심히 기도했으니 나는 무조건 성공할 거야." "하나님을 열심히 섬겼으니 나는 무조건 복 받고, 행복하고 즐거운 삶을 살게 될 거야."

그런데 성경을 보면 우리가 생각하는 이 사랑은, 하나님의 참 사랑과는 차이가 있다는 것을 알 수 있습니다. 예를 들어 하나님의 속성 중에는 공의가 있습니다. 그래서 우리는 하나님을 공의로우신 하나님이라고도 부릅니다. 이 말은 무슨 뜻일까요? 이것은 하나님께서 우리를 사랑하시는 분이지만 우리가 잘못을 했을 때에는 공의로 다스리신다는 뜻입니다. 사랑으로 우리의 죄를 용서하시지만 그의 대한 죗값을 묻지 않고, 무조건적으로 넘어가시는 분이 아니라는 말입니다. 즉, 하나님의 참 사랑에는 공의가 포함되어 있습니다.

다윗이 우리아의 아내 밧세바를 범했을 때, 하나님께서는 선지자 나단을 보내 다윗을 다음과 같이 질타하십니다.

> ¹⁰이제 네가 나를 업신여기고 헷 사람 우리아의 아
> 내를 **빼앗아** 네 아내로 삼았은즉 칼이 네 집에서 영원
> 토록 떠나지 아니하리라 하셨고 ¹¹여호와께서 또 이와
> 같이 이르시기를 보라 내가 너와 네 집에 재앙을 일으
> 키고 내가 네 눈앞에서 네 아내를 **빼앗아** 네 이웃들에
> 게 주리니 그 사람들이 네 아내들과 더불어 백주에 동
> **침하리라** (사무엘하 12:10-11)

이 말씀은 다윗의 아들 압살롬에게서 성취됩니다. 압
살롬은 반역을 일으켜 다윗을 왕궁에서 쫓아내고는, 백주
대낮에 다윗의 후궁들(즉, 압살롬의 어머니들)을 겁탈합니다. 그
리고 밧세바에게서 낳은 첫째 아들 역시 예언대로 죽습
니다.

다윗이 하나님으로부터 용서를 받지 못한 것은 아닙
니다. 성경에 보면 하나님께서 분명히 다윗을 용서했다고
나와 있습니다(사무엘하 12:13). 그러나 하나님의 '공의성' 때
문에 용서함 받은 것과는 별개로 다윗은 자신의 죗값을
지불하게 된 것입니다.

교회를 다니는 학생이라고 해서 다 공부를 잘 하는 것은 아닙니다. 내가 시간을 투자하여 열심히 공부하지 않으면 좋은 성적을 거둘 수가 없습니다. 이것이 하나님의 질서입니다. 그런데 교회에 다닌다는 이유만으로 공부하지 않고도 좋은 성적이 나오기만을 기대하는 것은 하나님의 공의성에 위배가 됩니다. 하나님의 참 사랑은 우리가 생각하는 그런 단순한 것이 아닙니다. 영원, 유일, 공의, 자비, 인내, 이런 여러 가지 하나님의 속성이 합쳐져서 복합적으로 나타나는 것이 바로 하나님의 참 사랑입니다.

하나님으로부터 창조된 우리는 진정한 사랑을 하기 위해서 하나님을 만나야 합니다. 하나님과 올바른 관계가 끊어지면, 우리의 정서는 정상적으로 작동하기 어렵습니다. 그래서 우리는 하나님의 사랑을 우리 자신에 대한 축복으로 편협하게 이해하곤 합니다. 그것이 심해지면, 이웃을 사랑하고, 용서하는 가장 기본적인 정서조차 우리 안에서 작동이 안 되곤 합니다.

그렇기 때문에 우리는 성경을 통해서 자신의 신앙을

점검하고, 유일하신 하나님의 속성과 그 분의 참 사랑을 더 깊이 알아야 합니다. 요한 사도는 '하나님은 사랑이시다'라고(요한1서 4:8) 말하고 있습니다. 이 말은 우리가 하나님께 속해 있지 않으면, 결단코 진정한 사랑을 할 수 없다는 것을 의미합니다.

사랑하는 자들아 우리가 서로 사랑하자 사랑은 하나님께 속한 것이니 사랑하는 자마다 하나님으로부터 나서 하나님을 알고 (요한1서 4:7)

우리는 날마다 요한사도의 가르침을 깊이 마음에 새겨야 합니다.

3. 바알 VS 하나님

구약에서 이스라엘 백성들은 하나님이 기록해준 율법이 있음에도 불구하고, 자기들 마음대로 제사를 드리고 하나님을 섬겼습니다. 그리고는 그것을 하나님이 기뻐하는 제사라고 생각했습니다. 그 결과가 무엇입니까? 호세아서 2:16절을 보면 이스라엘 백성들이 하나님을 바알이라고 불렀다는 기록이 나오고 있습니다. 자신들이 믿고 싶은 하나님을 믿고, 자신들이 드리고 싶은 대로 제사를 드리다 보니 진짜 하나님이 아니라 어느새 바알이라는 이방신을 진짜 하나님처럼 생각해버리고 만 것입니다. 이에 화가 나신 하나님은 호세아 선지자를 통해서 말씀하시기를 "나를 더 이상 바알이라고 하지 마라"라고 가르치십니다.

'바알'은 풍요의 신입니다. 당시 사람들은 바알이 땅의 가뭄과 기근을 막아 주고, 많은 소출을 얻도록 도와준다고 생각했습니다. 그런데 바알은 단순히 풍요를 가져다주는 신으로만 생각된 것이 아닙니다. 당시 사람들은 '바알'을 신(神)들 중에 으뜸이라고 믿었습니다. 이것은 바알이라는 단어의 뜻이 '주인'이라는 데에서도 잘 드러납니다. 이스라엘 백성들이 바알을 섬겼다는 것은, 이스라엘 백성들조차 자신들의 주인이 여호와 하나님이 아니라 바알이라고 생각했다는 사실을 알려주고 있습니다.

이스라엘 백성들은 이 때문에 원인 모를 가뭄을 겪고.

기근과 고통을 겪어야만 했습니다. 풍요를 가져다주는 바알 신을 믿었지만 오히려 풍요와 정반대되는 기근과 가뭄을 경험하게 된 것입니다. 더 아이러니한 것은 기근과 가뭄을 겪었음에도 불구하고 이스라엘 백성들이 하나님께로 돌아오기는커녕, 더욱 큰 불평을 하나님 앞에 늘어놓았다는 것입니다. 그들은 왜 우리가 하나님을 섬겼는데도 불구하고 이런 재앙이 우리에게 일어났느냐며 하나님을 원망합니다. 자신들의 고난의 원인을 자기 자신에게서 찾지 않고 하나님께로부터 찾은 것입니다.

우리가 이 땅에 살면서 원인 모를 어려움이나 고통을 겪게 될 때, 우리는 그것이 하나님께로부터 온 재앙은 아닌지 먼저 우리 자신을 점검해봐야 합니다. 그리고 우리의 불순종의 문제로 그런 고난이 일어났다는 것이 확실하다면, 우리는 주저함 없이 하나님 앞에 나와 엎드려 회개하며, 용서를 빌어야 합니다. 느헤미야가 이스라엘의 멸망을 자신과 부모에게서 원인을 찾았듯이 성도는 가정의 문제, 교회의 문제, 더 나아가 국가의 문제의 원인을 자신에게서 찾아야 합니다.

제가 가정에서 잘못을 했을 때, 가끔 아내가 지적을 하곤 합니다. 그러면 분명 내가 잘못한 것을 아는데도 불구하고 그 지적 때문에 기분이 나빠지기도 합니다. 이처럼 타락한 인간이 하나님께 지적을 받으면 그것을 회개하고, 용서를 구하지 않고 기분 나빠하는 나를 발견합니다. 그리고 어쩔 수 없었다면서 자신을 합리화시킵니다.

이 합리화는 자신의 죄를 정당화하기 위한 작업입니다. 즉, 잘못을 지적한 하나님보다 자신이 더 올바르다고 생각하는 것입니다. 이런 일들이 반복되다 보면, 어느새 우리는 여호와 하나님이 아닌, 내 마음대로 조종이 가능한 다른 신(神)을 만들어 섬기는 우리 자신을 발견하게 됩니다. 풍요와 비를 가져다줄 수 있는 분은 하나님밖에 없는데도 불구하고 바알을 섬긴 이스라엘처럼, 우리만의 우상을 만들어 우리의 문제나 죄를 맘대로 해결해버리려고 하는 것입니다.

2계명

2계명

너를 위하여 우상을 만들지 말라

1. 우리는 왜 우상을 만들까?

이사야 선지자는 하나님에 대하여 "만군의 여호와가 이같이 말하노라 나는 처음이요 나는 마지막이라 나 외에 다른 신이 없느니라"라고(이사야 44:6) 말하고 있습니다. 그렇다면 1계명에서 '다른 신들을 내 앞에 두지 말라'고 말씀하신 하나님의 말씀은 무슨 뜻일까요? 그것은 바로 다른 신들이 가짜 신, 우상에 불과하다는 것을 나타내는 말입니다. 하나님이 말씀하신 다른 신들은 진짜 신이 아닙니다. 인간이 만들어낸 우상, 허상에 불과합니다.

출애굽기 32:1-6절을 보면 모세가 시내산에 올라가서 하나님의 율법을 받고 있을 때, 이스라엘 백성들은 모세가 산에서 한참을 내려오지 않자 불안한 이스라엘 백성들은 우상을 만들어 자신들의 불안을 해소시키고자 우상을 만드는 죄를 범한 사건이 나옵니다. 이들이 이와 같은 행동을 하는 이유에는 모세가 산에서 죽었다고 생각한 것인지 정확한 건 알 수 없지만, 딱 하나 정확하게 알 수 있는 것이 있습니다. 백성들은 현재 자신들의 불안감을 구원해줄 신을 필요로 했는데, 하나님은 자신들이 필요로 하는 시간에 원하는 때에 나타나지 않았다는 것입니다.

그러자 그들은 자기들 맘대로 신을 만들어냅니다. 모세의 형 아론이 백성들의 금귀고리를 모아 한곳에 모아 녹이고는 금송아지를 만듭니다. 그리고는 아론은 금송아지를 향해 선포하기를 "우리를 애굽에서 인도하여 낸 하나님이다."라고 하면서 백성들에게 이 금송아지를 섬기라고 가르칩니다. 그리고 5-6절을 보면 금송아지를 만든 다음 날을 여호와의 절기로 만들어 번제와, 화목제를 드리면서 금송아지를 하나님이라 부르며 예배합니다.

그들은 자신들이 만족할 만한 신앙생활을 나름대로 열심히 했습니다. 현재 우리처럼 말입니다. 그러나 하나님께서는 이를 용납하지 않으셨습니다. 그들이 기뻐했던 신앙생활이 하나님 보시기에 올바른 신앙생활은 아니었기 때문입니다. 이스라엘 백성들의 죄악 된 우상숭배는 출애굽기에서 끝나지 않고, 오랜 시간 동안 사사시대 거쳐 왕정시대에 이르는 동안 꾸준히 나타나게 됩니다.

인간이 우상을 만드는 이유는 자기 마음대로 살고 싶기 때문입니다. 또한 인간이 하나님을 조종하고 싶어 하는 이유는 하나님이 자기 뜻대로 움직여 주질 않기 때문입니다. 그래서 이스라엘 백성들은 자기들 뜻대로 움직여 줄 신을 원해서 금송아지를 만들었듯이, 우리 또한 원하는 것을 얻기 위해, 우리의 필요를 위해 우상을 만드는 것입니다.

우상의 좋은 점이 무엇일까요? 우상은 우리에게 많은 율법을 지키며 살라고 요구하지 않습니다. 단 몇 가지만을 지키도록 요구 할 뿐, 그 외에는 우리 멋대로 자유롭게 살라고 말합니다. 바알은 그냥 몇 가지 조건을 지켜주면 풍요를 가져다주겠다고 말하는 겁니다.

우상은 알라딘의 요술램프에 등장하는 지니 같습니다. 램프의 요정 지니는 알라딘이 원하는 때에 램프를 문지르기만 하면 나타납니다. 그리고 알라딘이 원하는 모든 소원을 다 들어줍니다. 타락한 인간이 보기에 이처럼 이상적인 신은 또 없습니다.

그러나 하나님은 우리 마음대로 조종되지 않는 분이십니다. 그분은 절대자이시며, 자존자로서 스스로 계시는 분이기 때문입니다. 그 분은 스스로 판단하시고, 스스로 결정하십니다. 그분은 절대로 당신의 피조물과 타협하지 않습니다. 그래서 하나님은 우리에게 때로 불편한 존재처럼 느껴집니다. 하나님은 우리가 교회를 아름답게 섬기기를 원하시고, 세상에 나아가서도 성도답게 살아가길 원하시지만, 우리는 주일 1시간 예배드리는 것으로 하나님께 모든 것을 했다고 인정받고 싶어 합니다.

사람들은 하나님의 요구대로 살게 되면 자신들에게 엄청난 손해가 있을 것이고, 자유가 없어질 것이라고 생각을 합니다. 그래서 지니가 필요할 때에만 나타나는 것처럼 하나님도 우리가 필요로 할 때에만 나타나서 우리를 도와주길 바랍니다. 그리고 나머지 삶은 우리 멋대로 살고 싶어 합니다.

2. 하나님은 우리와 다릅니다.

우리가 우상을 만들게 되는 첫째 이유는 지금까지 우리가 이야기했듯이, 우리가 타락했기 때문입니다. 우리 안에 내재된 죄악된 본성은 하나님을 따르기보다는 우리 자신의 욕망과 염원을 따라 살도록 우리를 이끌어 갑니다. 그래서 우리는 우리의 필요를 채우기 위해 우상을 만들고 범죄하게 됩니다.

다음으로 우상을 만드는 두 번째 이유는 하나님은 우리와 다르기 때문입니다. 성도가 신앙생활에서 가장 쉽게 오류를 범하는 것 중 하나는 하나님을 사람처럼 생각하는 것입니다. 하나님을 우리와 같다고 생각하는 것이죠. 그래서 우리가 행복해지면, 하나님도 행복하고 우리가 불행하면 하나님도 불행하실 것이라고 생각합니다. 그런데 이런 생각은 우리를 잘못된 신앙과 삶으로 연결할 수 있는 위험성을 갖고 있습니다. 하나님의 감정이나 느낌 등이 타락한 인간의 정서와 똑같을 수 없기 때문입니다. 때로 우리에게는 아프고 불행한 일처럼 느껴지는 일이, 하나님 보시기에는 아름답고 형통한 삶이라 평가하실 때가 있습니다. 요셉처럼 말입니다.

제가 전도사 시절 때의 이야기입니다. 그 당시 중등부 아이들을 맡고 있었는데 정말 신실한 중학생 여자 아이가 한 명 있었습니다. 그런데 그 학생의 아버지가 알코올 중독자였습니다. 술에 취하지 않았을 때는 여느 가정의 아버지와 별다른 것이 없었지만, 술만 먹었다 하면 험한 욕을 하고 아내와 딸을 심하게 때리곤 했습니다. 폭력은 갈수록 심해졌고, 결국 경찰에서 이 사건을 알게 되어 아빠를 격리조치 시키게 되었습니다. 두 모녀는 힘든 상황에서 탈출했다고 생각하고 무척이나 기뻐했습니다. 저도 그 이야기를 들으면서 하나님께 감사하다는 기도를 올려드렸던 것 같습니다.

그런데 얼마 되지 않아 이 아이에게서 청천벽력 같은 소식을 듣게 되었습니다. 이 여중생의 엄마가 병원에서 암 말기라는 판정을 받고 만 것입니다. 이제 행복한 삶을 살 거라고 기대하고 있던 그 두 모녀에게는 하늘이 무너지는 것 같은 소식이었습니다. 아이에게 한 명밖에 남지 않은 유일한 보호자인 엄마의 생명이 조금씩 꺼져 가게 된 겁니다.

저는 이 아이의 안타까운 소식을 교회 선생님들과 나누고서는 열심히 기도했습니다. 시간 가는 줄을 모르고 저는 하나님께 이 아이의 어머님을 살려달라고 간절히 애원하며 기도했습니다. 그러나 상황은 좋아지지 않았습니다. 정말 열심히 기도했음에도 불구하고 결국 이 아이의 어머니는 돌아가시고 말았습니다. 금식기도까지 했는데, 그렇게 하나님께 매달리고 애원했는데…. 기도 결과에 대해 실망한 저는 깊은 마음의 상처와 하나님께 배신당했다는 느낌을 지울 수가 없었습니다.

이 사건으로 인해서 저는 한참 동안이나 신앙의 슬럼프에 빠져 헤어 나오지 못하게 되었습니다. 그런데 이런 저의 모습이 안타까웠는지, 중등부 남자 선생님께서 찾아오셔서 저에게 위로를 해주셨습니다.

"전도사님 마음이 많이 아프시죠? 너무 슬퍼하지 마

세요. 하나님께서 전도사님의 기도 들어주셨어요!"

저는 이 말을 듣고 마음속으로 '무슨 말도 안 되는 소리를 하고 있어!' 이런 생각이 들어서 홧김에 소리를 지르고 말았습니다.

"아니! 돌아가셨는데, 하나님이 무슨 기도를 들어주셨다는 겁니까?"

그런데 그 선생님께서 차분히 저에게 다시 한 번 질문을 해주셨습니다.

"전도사님, 아이 엄마가 천국에 갔을까요? 지옥에 갔을까요?"

그 어머니도 예수님을 믿는 집사님이셨기에 저는 한 치의 의심도 없이 즉각 대답했습니다.

"천국에 가셨죠!"

그러자 선생님께서는 미소를 지으며 제게 말씀하시는 것이었습니다.

"그럼 천국에서도 암으로 고통 받고 계실까요? 그리고 이 땅에서처럼 슬픔과 고통에 사로잡혀 사실까요?"

"아니죠!"

"봐요, 하나님께서 전도사님 기도에 응답해 주셨네요! 우리는 분명 아이의 엄마를 고쳐달라고 기도했잖아요!

우리가 이 땅에서 더 살거나 죽는 것은 하나님의 주권에 있는 거예요."

저는 그 선생님의 말을 듣고 커다란 망치로 머리를 얻어맞은 듯한 기분을 느꼈습니다. 저는 제가 간절히 기도했던 저의 생각과 바람을 하나님께서 들어주시는 것이 하나님이 원하시는 것이라 생각했습니다. 그리고 그렇게 하는 것이 정말 하나님의 선하신 뜻이고, 하나님께서 그 아이에게 바라시는 것이라 생각했습니다. 그러나 하나님은 그렇지 않으셨습니다.

그분은 우리보다 더 높고, 더 깊은 뜻을 가지고 계십니다.

[8]이는 내 생각이 너희의 생각과 다르며 내 길은 너희의 길과 다름이니라 여호와의 말씀이니라 [9]이는 하늘이 땅보다 높음 같이 내 길은 너희의 길보다 높으며 내 생각은 너희의 생각보다 높음이니라 (이사야 55:8-9)

우리는 평상시 신앙생활을 할 때, "우리의 소망은 천국에 있습니다."라고 고백하면서 정작 중요할 때는 천국을 부정하면서 살고 있는 모습을 발견합니다. 또한 "우리의 삶의 주권은 하나님께 있습니다."라고 말하면서도 매 순간마다 하나님의 주권을 부정하고 사는 나를 발견하게 됩니다. 그러나 하나님은 우리와 본질적으로 다른 분이시라는 것을 우리는 깨달아야 합니다. 그랬을 때 우리는 어떠한 상황에서도 우리의 생각과 주권을 내려놓고, 하나님만을 믿고 따를 수 있게 될 것입니다.

3. 하나님을 더 깊이 알자

하나님이 우리와 다르다는 것은, 우리가 하나님을 알기 위해 더 힘써야 한다는 것을 의미합니다. 하나님에 대한 올바른 지식을 가지지 않으면 하나님을 잘못 이해하거나, 잘못 믿게 될 가능성이 높아지기 때문입니다. 기독교 초기에도 하나님을 잘못 이해한 이단들이 많이 성행했고, 그로 인해 많은 사람들이 잘못된 길로 빠지게 됐습니다. 자신이 믿고 싶은 하나님을 믿고, 그것을 우상으로 만들어 믿습니다. 하나님에 대한 올바른 지식을 가지고 있지 않다면 우리 또한 잘못된 하나님을 믿고 살아갈 수 있습니다.

사실 하나님은 우리가 공부해서 알 수 있는 그런 분이 아니십니다. 하나님은 크고 무한한 분이기에 우리가 아무리 열심히 공부하고 열심히 기도해서 하나님을 온전히 아는 것은 불가능합니다. 그러나 그렇다고 해서 하나님을 아는 일을 게을리 해서는 안 됩니다. 이는 마치 우리가 완전한 선함에 이를 수 없지만, 끊임없이 예수님을 닮기 위해 항상 선해지기 위한 노력을 게을리 해서는 안 되는 것과 같습니다.

특별히 성도가 신앙생활을 하다 보면 때로 위급한 일, 좋지 않은 일을 경험하게 됩니다. 그때 성도는 하나님께 간절히 기도합니다. 그런데 가끔은 간절히 기도했는데도 불구하고 기도가 속히 이뤄지지 않을 때가 있습니다. 우리는 불안하고 초조한 마음에 하나님을 믿지 못하는 마음을 키워가고, 급기야 하나님이 없다고 생각해 버리거나 하나님에 대한 잘못된 믿음을 가지게 돼버리기도 합니다.

이럴 때 우리는 하나님을 알기 위해서 더 기도하고 힘써야 합니다. 그런 위기 가운데 하나님께서는 자신을 더 깊이 알 수 있는 선물을 숨겨놓으시기 때문입니다. 위기 가운데 우리의 기도가 당장 이뤄지지 않는다 해서 하나님을 나쁘게 생각해서는 안 됩니다. 하나님은 그런 위기를 통해서도 우리에게 자신을 계시하십니다.

저는 2006년에 가까운 목사님으로부터 영국유학을 제안 받았습니다. 그 당시에는 영국 유학비도 없던 터라 그 일에 대해 별로 대수롭지 않게 생각하고 있었습니다. 그런데 그 해 여름, 집에 있는데 갑자기 오른쪽 몸의 마비가 오면서 몸이 꼬이는 현상으로 응급실에 실려 가는 일이 생겼습니다. 무슨 영문인지 몰라 대기실에서 하나님께 기도하고 있는데 갑자기 제 마음속에 '영국 가야지'하는 마음의 소리가 들려오는 것이었습니다.

저는 그 소리를 하나님의 소리라고 듣지 않고 '지금 몸이 아파 누워있는데, 무슨 영국유학이냐'고 스스로 불평했습니다. 그런데 그 생각이 끝나자마자 몸이 더 아프기 시작했습니다. 그러면서 한 번 더 그 소리가 마음 가운데 들려왔습니다. '영국 가야지' 고민하던 저는 몸의 마비증상과 꽈배기처럼 꼬여가는 고통에 참을 수 없어

'영국 가겠습니다'하고 마음속으로 결심을 했습니다. 그런데 신기하게도 거짓말처럼 고통이 점차 줄어들고 마비로 인해 꼬이던 몸이 낫기 시작하는 것입니다. 저는 하루 동안 병원에서 지내다가 결국 별 문제가 없다는 진료 결과를 받고 퇴원하게 되었습니다.

그 이후 저희 부부는 함께 기도하기 시작했습니다. 제 아내도 병실에 함께 있으면서 제가 경험한 것을 생생히 눈으로 목격했기 때문입니다. 저희는 가장 먼저 유학비에 대한 기도를 했습니다. 영국 유학비가 보통 비싼 것이 아닙니다. 그 당시 저희 가족은 도저히 그 돈을 마련할 수 있는 형편이 아니었습니다.

기도를 시작하고 일주일이 지났을 때였습니다. 아내가 아침 일찍 일어나 다급히 저를 깨우기 시작했습니다. 자기가 꿈을 꿨다고 거래처에 전화를 해보라는 겁니다. 과거에 사업을 했을 때, 저는 거래처에서 미처 받지 못한 돈이 좀 있었습니다. 당시에 돈을 받기 위해서는 기나긴 시간을 법적으로 대응해야 했기에 포기하고 있었던 돈이었습니다. 잠결에 황당했지만, 밑져야 본전이라는 생각에 오랜만에 거래처에 전화를 했습니다.

놀랍게도 전화를 받은 담당자가 저에게 반가운 목소리로 "아이고, 왜 이리 연락이 안 되세요. 얼른 돈 찾아가세요"라고 하면서 문제가 있던 일부분만을 제외하고는 전부 돈을 돌려주겠다고 하는 겁니다. 아내에게 상황을 설명하고는 영국으로 유학을 가는 것이 정말 하나님의 뜻인 것 같다며 서로 기쁜 마음으로 영국유학 준비를 하게 되었습니다. 많지는 않지만 소정의 유학비도 해결이 됐고, 또 학교로부터 입학허가도 받은 저희 가정은 설레는 마음으로 영국대사관에 비자 신청을 했습니다.

그런데 청천병력 같은 소식을 듣게 됩니다. 영국대사관으로부터 입국 비자거부를 받은 겁니다. 모든 계획이 한순간에 수포로 돌아가게 되었습니다. 답답한 마음에 저희 부부는 각자 기도원으로 들어가 하나님께 묻기로 했습니다.

3박 4일 동안 간절히 하나님께 부르짖은 저희는 신기하게도 똑같은 말씀으로 은혜를 받게 되었습니다. 하나님이 저희 부부에게 '나는 너희들이 생각하는 하나님이 아니야'라는 마음의 감동을 동시에 주신 것입니다. 이후 저희 부부는 다시 새롭게 성경공부를 하기 시작했고, 저는 자연스럽게 총신선교대학원을 시작으로 신학대학원까지 입학하여 정식으로 신학공부를 하게 되었습니다.

그때 겪은 일을 통해 저는 하나님을 아는 일에 좀 더 힘쓰는 사람이 되었습니다. 내가 아는 하나님이 전부가 아닐 수 있음을 알았기 때문입니다. 이처럼 우리는 때로 신앙 속에서 우리가 알지 못했던 낯선 하나님을 만나게 됩니다. 그러나 우리는 이를 통해서, 하나님이 우리 안에서 더 풍요로워지고 하나님을 믿는 믿음이 더 굳건해지는 것을 느끼게 됩니다.

오늘날 교회 안에서 이단들에게 넘어가는 성도들을 많이 봅니다. 이유는 아주 단순합니다. 한국 성도들 안에 하나님에 대한 올바른 지식이 없어서 그렇습니다. "나는 인애를 원하고 제사를 원하지 아니하며 번제보다 하나님을 아는 것을 원하노라"(호세아 6:6)라고 말씀하신 하나님의 부르짖음을 다시금 우리는 기억해야 합니다.

3계명

3계명

너는 네 하나님 여호와의 이름을 망령되게 부르지 말라

1. 여호와의 뜻

(1) 하나님의 자존성

'여호와'라는 단어는 원어적으로 "생명, 언제나 계셨고, 항상 계실 자, 스스로 계시는 이" 등 다양한 의미를 가지고 있습니다. 특별히 출애굽기에서 하나님이 모세에게 자신을 나타내셨을 때(출애굽기 3장) 그분은 모세에게 여호와라고 자신을 알리셨습니다. 이때 여호와는 '스스로 있는 자' 즉, '스스로 계시는 이'라는 뜻을 가지고 있는데 이것은 신학적으로도 매우 중요한 내용을 담고 있습니다.

스스로 계시다는 것은 하나님이 그 어느 것에도 의존하지 않고, 스스로 존재하고 계시다는 것을 의미합니다. 이는 하나님만이 갖고 있는 하나님의 유일한 속성으로서, 우리는 이것을 하나님의 자존성(自存性)이라고 합니다.

생각해보면 하나님이 창조한 모든 피조물들은 의지할 대상을 필요로 합니다. 사람이 생명을 잉태하기 위해서는 반드시 의존할 상대가 있어야 합니다. 남자에게는 여자가 필요하고, 여자에게는 남자가 필요합니다. 그러나 하나님이 생명을 창조하시는 데는 그 어떤 대상도 필요치 않습니다. 하나님은 하나님 홀로 생명을 창조해내실 수 있습니다.

인간은 존재하기 위해서 계속 음식물을 먹어서 에너지를 생산해내야 합니다. 그러나 하나님은 아무것도 먹을 필요가 없습니다. 가만히 존재하고 있는 돌멩이조차도 돌멩이로 존재하기 위해서 산화규소, 산화알루미늄, 탄산칼슘 같은 복잡한 화학성분들을 필요로 합니다. 그 화학성분들이 서로 뭉쳐서 돌멩이가 되기 때문입니다. 그러나 하나님은 존재하기 위해서 그 어떤 물질도 필요로 하지 않습니다.

출애굽기 3:3절을 보면 모세가 하나님을 만나는 장면이 나옵니다. 그런데 여기에서 하나님이 독특한 방식으로 모세에게 자신을 계시하고 있는 것을 보게 됩니다. 모세에게 하나님이 자신을 나타내실 때, 하나님은 모세로 하여금 불이 붙은 떨기나무를 발견하게 합니다. 이 떨기나무는 중동지방의 사막에서 흔히 볼 수 있는 것으로서 우리나라에 자라는 가시덤불과 그 모양이 매우 비슷합니다. 그런데 중동의 사막에서 떨기나무가 불붙는 것은 흔한 일이라고 합니다. 사막이 워낙 메마르고 건조한데다가, 뜨거운 햇볕이 계속 내리쬐면서 고온으로 덥혀지다 보니, 가끔 떨기나무가 불붙게 되는 것입니다.

헌데 모세가 본 떨기나무는 희한하게도 불붙었는데도 불구하고 타지 않았습니다. 불이 존재하기 위해서는 반드시 발화체 즉, 불이 계속해서 태울 수 있는 물체가 필요합니다. 예를 들어 사람이 불을 붙이기 위해서는 나무나 석유 등 불이 붙을 만한 물질이 반드시 필요합니다. 불이 태울 수 있는 물질이 사라지면 불도 꺼지게 됩니다. 그런데 하나님은 발화체가 없이 불을 존재케 하셨습니다. 떨기나무를 태우지 않고도 떨기나무에서 타오르는 불로서 나타나셨습니다. 어떤 물질에도 의존하지 않고 홀로 불로서 존재하신 것입니다. 이게 '여호와'라는 이름의 숨겨진 의미입니다. 하나님은 그 어떤 것에도, 그 무엇에도 의존하지 않고, 스스로 계시는 분이십니다.

(2) 스스로 결정하시는 자, 여호와

'나는 스스로 있는 자다'라는 말에는 또 한 가지 뜻이 있는데, 하나님이 스스로 생각하시며, 스스로 판단하시며, 스스로 결정을 내리신다는 것입니다. 또한 하나님이 내리신 결정은 영원하고 절대 변하지 않습니다.

다윗과 밧세바와 간음해서 첫 번째 아들을 얻었을 때, 하나님께서는 다윗의 죄악 때문에 그 아이를 죽이겠다고 말씀하십니다. 그리고 하나님께서는 그 아이를 병으로 치셔서 고통 가운데 있게 하십니다. 다윗은 안타까운 마음에 식음을 전폐하고 하나님께 그 아이를 살려달라고 간절하게 기도합니다. 그러나 공의로운 하나님의 계획은 수정되지 않았고, 결국 아이는 하나님의 예언대로 죽고 맙니다.

아이의 죽음을 목격한 신하들은 차마 이 사실을 다윗 왕에게 알리지 못하고 망설였습니다. 아이를 위해 다윗 왕이 저렇게 간절히 기도했는데 아이가 죽은 것을 알면 왕이 얼마나 크게 좌절하고 슬퍼할까요? 신하들은 아이의 죽음을 알리는 것이 왕의 건강을 해칠까 봐 두려워했습니다. 그런데 우연히 아이의 죽음을 알게 된 다윗 왕은 그 자리에서 즉시 일어나서 바로 밥을 먹고는 아무 일도 없었던 것처럼 행동합니다. 이것을 의아하게 여긴 신하들이 다윗 왕께 묻자, 다윗이 이렇게 대답합니다.

아이가 살았을 때에 내가 금식하고 운 것은 혹시 여호와께서 나를 불쌍히 여기사 아이를 살려 주실는지 누가 알까 생각함이거니와, 지금은 죽었으니 내가 어찌 금식하랴 내가 다시 돌아오게 할 수 있느냐 나는 그에게로 가려니와 그는 내게로 돌아오지 아니하리라 (사무엘 하 12:22-23)

다윗은 '하나님은 스스로 있는 자'라는 이 개념을 이해하고 있었습니다. 그분이 스스로 생각하시며, 스스로 결정하시고, 그 결정을 바꾸시지 않는다는 사실을 알고 있었던 것입니다. 그래서 아들이 죽자 모든 슬픔과 고통을 훌훌 털어버리고, 일어나서는 전과 다르지 않게 아무 일도 없었던 것처럼 행동을 한 것입니다.

우리는 다윗처럼 하나님이 우리 삶의 전적인 주권자가 된다는 사실을 인정하고 있습니까? 그분이 우리 삶에 어떠한 결정을 내리더라도 그것을 받아들이고 순종할 준비가 되어 있습니까? 정말로 우리는 '여호와'의 이름을 알고, 그 이름의 뜻을 존중하고 있습니까?

2. '망령되게' 하지 말라

'망령되게'라는 단어는 '공허하게, 거짓되게, 무가치하게'라는 뜻으로 사용됩니다. 신자가 하나님을 믿는데, 거짓되게 믿거나, 공허하게 믿거나, 무가치하게 믿을 때 우리는 하나님의 이름을 망령되게 하고 있다고 할 수 있습니다.

앞서 살펴봤듯이, 모세가 하나님의 율법을 받으러 시

내 산에 올라갔을 때, 이스라엘 백성들은 금송아지를 만들어 섬겼습니다. 그것이 바로 하나님의 이름을 망령되게 한 것입니다. 이스라엘 백성들은 무가치하고, 공허하고, 거짓된 우상을 만들어 하나님이라 고백했습니다. 이처럼 우리가 생활 속에서 하나님을 무가치하고, 공허하고, 거짓되게 믿고 살아갈 때, 우리는 그분의 이름을 망령되게 만들 수 있습니다.

성도는 주일을 거룩히 지켜야 합니다. 그런데 어떤 성도는 주일의 대한 소망도 기대도 없이 습관처럼, 공허하고 무가치하게 주일을 섬깁니다. 우리는 그리스도인으로서 어려운 이웃을 돌보고 보살펴야 합니다. 그런데 어떤 성도는 교회 내에서도 어려운 사람들은 무시하고, 사회적으로 영향력이 있는 사람들만 따르고 좋아합니다.

교회 안에서 하나님의 공의와 공정함을 눈 씻고 찾아볼 수 없이 세속적인 방법으로 교회를 운영합니다. 모로 가도 서울로 가면 된다고 과정을 무시한 채 교회를 성장시키기만 하면 된다고, 그리고 이를 하나님도 만족할 것이라고 믿습니다.

성도가 하나님의 나라와 의를 위하여 기업을 운영해야 하는데, 임금을 미지급하거나 불법 폐기물을 몰래 버리는가 하면, 불법과 탈세로 운영하여 불의한 재물을 모으기도 합니다. 그리고는 교회에 와서는 신실한 신자처럼 행동하고 주일에 부정한 방법으로 모은 재물로 헌금을 합니다.

직장에서 일하는 이유가, 학교에서 공부하는 이유가 하나님을 위한 것이 아니라 자신의 삶의 안녕을 위한 것이 돼버리기도 합니다. 주일예배도 참석하지 않고 열심히 공무원을 준비하다가 공무원 시험에 합격하게 되면 하나님의 은혜로 합격했다고 간증합니다.

그런데 우리가 이 모든 위선에도 불구하고 교회 앞에 고백하기를 이 모든 것이 하나님의 은혜요 축복이라고 간증한다면, 이것이 망령된 신자의 모습이 됩니다. 성도의 삶의 목적이 하나님이 되지 못하는 순간, 우리는 하나님의 이름을 망령되게 하고 마는 것입니다.

3. 하나님도 질투하신다.

　우리가 하나님의 이름을 망령되게 할 때, 우리가 우상을 섬길 때, 하나님은 우리에게 질투하십니다. 그래서 그분은 때로 우리에게 징계를 내리시기도 하십니다. 우리가 깨닫고 회개하여 하나님께로 돌아오길 바라는 마음에서 그렇게 하시는 것입니다.

　그러나 우리가 알아야 할 것이 있는데, 하나님의 질투는 인간의 질투와는 전혀 다르다는 점입니다. 첫째로 하나님의 질투에는 부정적인 것이 없습니다. 반면 인간의 질투에는 대부분 미움 같은 부정적인 감정이 개입되어 있습니다. 그 사람이 나만 바라봐줬으면 하는 소유욕, 또는 그 사람이 항상 나를 최우선으로 여겨줬으면 하는 이기심, 또는 나는 없는데 다른 사람이 좋은 것을 가지고 있는 부러움, 이런 부정적인 감정들이 질투를 발생시키기 때문입니다.

　그러나 하나님은 다릅니다. 하나님의 질투는 우리를 하나님께로 돌아오게 만들기 위한 것입니다. 우리가 하나님께로 돌아갔을 때 우리에게는 유익이 있으나, 하나님에게는 그 어떠한 유익도 없습니다. 그분은 홀로 충만하시고, 자존하고 계시기 때문입니다.

또한 그 분이 우리를 질투하신다고 해서 다른 누군가가 억울함을 당하는 일은 없습니다. 사람이 질투를 하면 누군가는 그 질투로 인해 피해를 보게 됩니다. 연인 사이에서 질투를 하는 일이 발생하게 되면 연인 중 한 사람은 그로 인해 피해를 보게 됩니다. 부당한 질투라면 그걸 해명하기 위해 많은 시간을 보낼 수도 있을 것이며, 그것이 합당한 질투라면 한쪽이 일방적으로 깊은 상처를 받을 수도 있을 것입니다. 그러나 하나님의 질투는 오로지 인간의 유익을 위해서만 존재하는 것이기에, 그 어떤 사람도 하나님의 질투를 당했다고 해서 피해를 보는 경우가 없습니다.

하나님의 질투는 하나님 편에서 얻는 어떠한 이익도 없기 때문에, 완전히 우리를 위한 전적으로 타자적인 질투라 할 수 있습니다. 즉, 하나님의 질투는 완전하신 하나님의 참 사랑을 지닌 또 다른 모습일 뿐입니다.

둘째, 하나님의 질투에는 완전한 공의성이 존재합니다. 이 공의성은 마땅히 하나님이 받아야 할 것이 하나님께로 돌아오지 못했을 때, 하나님이 질투하신다는 것을 의미합니다. 즉, 공평성과 의로움을 가지고 질투하시는 것입니다.

질투에도 의로운(?) 질투가 있습니다. 부부로 평생 언약을 맺었는데 한 배우자가 바람을 폈다면, 이때 일어나는 질투라는 감정은 의로운 것에 속할 수 있습니다. 마땅히 한 사람에게만 속해야 할 사랑의 감정이 다른 사람에게 흘러갔기 때문입니다. 이처럼 하나님의 질투는 마땅히 하나님이 받아야 할 것을 요구하시는 것에서 발생됩니다. 따라서 하나님의 질투가 있다고 해서 그 어느 누구도 억울하다고 말할 수는 없습니다. 왜냐면 그것이 의롭기 때문입니다.

어떤 사람이 우상을 제작하는 일을 하다가 하나님께로 돌아오게 되었습니다. 덕분에 그는 직장을 잃게 되었습니다. 또 그 사람이 만들던 우상을 무척 좋아하던 한 매니아(?)는 그 우상을 이제 더 이상 얻을 수 없게 되었습니다. 그러면 이 두 사람은 하나님을 믿게 되었기 때문에 억울한 일을 당하게 된 걸까요? 절대 그렇지 않습니다. 원래 하나님이 받아야 할 영광과 찬양, 경배가 이

제 우상이 아니라 하나님께로 돌아가게 된 것입니다. 즉, 원래 있어야 할 자리로 제 자리를 찾아 돌아가게 된 것 뿐입니다.

어떤 사람이 뛰어난 과학적 성취를 이뤄냈고, 그 업적을 인정받아서 노벨상을 받게 되었는데, 어떤 사람이 악한 계략을 꾸며서 마땅히 받아야 할 사람이 노벨상을 받지 못하고 다른 사람이 대신 노벨상을 받았다고 해봅시다. 시간이 지나 그 악한 계략이 밝혀져서, 노벨상이 원래 받아야 할 사람에게로 돌아가게 되었습니다. 그렇다면 이는 악한 계략으로 노벨상을 받았던 사람에게 억울한 일일까요? 절대 그렇지 않습니다. 단지 노벨상이 마땅히 제자리를 찾아 돌아간 것뿐입니다.

이처럼 하나님의 질투는 하나님이 받아야 마땅한 모든 것이 하나님께 돌아오지 않았다는 데에서 비롯됩니다. 따라서 하나님의 질투는 모든 것을 원래 마땅히 있어야 할 자리로 돌이키시는 하나님의 공의성에 근거하고 있습니다. 그렇기 때문에 하나님의 질투는 그 누구에게도 억울한 일을 발생시키지 않습니다.

[그림 묵상]

4계명

4계명

안식일을 기억하여 거룩하게 지키라

1. 안식일의 진짜 의미

(1) 하나님의 완전함

우리는 보통 안식일을 생각할 때 하나님께서 안식을 취한 날이라고 알고 있습니다. 하나님께서 엿새 동안 천지를 창조하시고, 다음 날 조금 휴식을 취하셨다고 생각하는 것입니다. 그도 그럴 것이 '안식'이라는 단어는 히브리어로 '샤바트'라고 하는데, 분명 이 단어는 '쉬다'라는 뜻으로 많이 사용됩니다.

그렇다면 하나님에게도 정말 쉼이 필요한 걸까요? 그렇지 않습니다. 하나님 입장에서 안식은 쉼보다는 '완전하다 또는 만족스럽다'라는 의미로 사용되는 것이 더 정확합니다. 하나님께서 창조하신 세상은 더 이상 손 볼 곳이 없는 완전한 세상이었습니다. 하나님은 안식일에 자신이 창조하신 세상을 바라보시면서 완전함을 느끼셨고, 만족함을 느끼신 것입니다. 이런 의미에서 안식일은 더 이상 새로운 다른 것이 필요하지 않고, 하나님께서 주신 세상만으로도 '충분하다'는 의미로 이해되어야 합니다.

하나님의 백성은 하나님만으로 충분하고, 만족해야 합니다. 안식일은 하나님만으로 우리가 충분하다는 사실을 기억하는 날이 되어야 합니다.

(2) 구원의 하나님을 기억하라

하나님이 창조한 세상은 시간이 지나면서 안타깝게도 변질되고 말았습니다. 아담과 하와가 하나님께 죄를 지어서 에덴동산에서 쫓겨나게 된 것입니다. 인간들은 더 이상 영원한 안식을 누리지 못하게 되었고, 자연도 저주를 받아 가시덩쿨을 내는 등 부패하게 되었습니다. 하나님의 완전한 세상이 인간으로 말미암아 타락하게 됩니다. 타락한 세상, 그리고 타락한 인간의 지성과 감성은 하나님의 완전함을 경험하는 것을 무척 어려운 일로 만들고 말았습니다. 그리고 이에 따라 안식일의 의미도 자연스럽게 바뀌게 됩니다.

출애굽기와 신명기에는 각각 십계명이 기록되어 있습니다. 먼저 출애굽기의 십계명을 살펴보면, 안식일에 관한 계명에서 제가 처음에 설명했던 '하나님의 완전성과 만족함'에 초점이 맞춰져 있는 것을 볼 수 있습니다.

이는 엿새 동안에 나 여호와가 하늘과 땅과 바다와 그 가운데 모든 것을 만들고 일곱째 날에 쉬었음이라 그러므로 나 여호와가 안식일을 복되게 하여 그 날을 거룩하게 하였느니라 (출애굽기 20:11)

그런데 신명기에 기록되어 있는 십계명에서 안식일에 관한 계명을 보면, 이외에도 추가적인 설명을 덧붙이고 있는 것을 보게 됩니다.

너는 기억하라 네가 애굽 땅에서 종이 되었더니 네 하나님 여호와가 강한 손과 편 팔로 거기서 너를 인도하여 내었나니 그러므로 네 하나님 여호와가 네게 명령하여 안식일을 지키라 하느니라 (신명기 5:15)

안식일에 관한 설명이 거의 비슷하게 나오다가 신명기에서는 애굽에서 탈출한 이야기가 추가된 것이 나타납니다. 하나님께서 이스라엘 백성들에게 "너희가 이집트 땅에서 노예였던 것을 잊지 말라. 그리고 노예에서 해방시켜 준 나를 잊지 말라."라고 말씀하십니다.

출애굽기에 나오는 처음 안식일의 의미는 창조의 하나님을 기억하라는 의미가 강했다면, 신명기에서 안식일은 하나님의 구속사를 기억하라는 의미가 더 강하게 나타나고 있습니다. 출애굽은 인류를 구속하신 예수님을 예표하는 대표적인 사건입니다. 하나님은 이집트에서 종노릇하던 이스라엘 백성들을 구원하여 주신 것처럼, 죄에 빠져 죄의 종노릇하고 있던 인류를 예수님을 보내 구원하여 주셨습니다. 즉, 출애굽을 통해 구속의 하나님을 기억하라는 의미는, 십자가에 못 박혀 죽으시고 우리를 구원해주신 예수님을 기억하라는 의미와 일맥상통하는 것입니다.

따라서 그리스도인이 안식일을 지킨다는 것은 나의 구주 되신 예수님을 기억하고, 그 예수님을 우리의 주인으로 모신다는 엄청난 신앙고백이 됩니다. 우리는 온전히 안식일을 지키는 행위를 통해서 하나님을 인정하고 하나님께 영광 돌리는 삶을 살아갈 수 있게 됩니다. 그러므로 안식일을 대충 지켜서는 안 됩니다.

2. 안식일의 주인

(1) 안식일을 회복하신 분
어느 안식일 날, 예수님과 제자들은 밀밭 사이로 걸어가게 됩니다. 그런데 무척이나 배가 고팠던 제자들은 밀밭의 이삭을 잘라 손으로 비벼 먹습니다. 우연찮게 그 모습을 보게 된 바리새인들은 이번에야말로 예수님을 제대로(?) 비방할 거리가 생겼다고 생각했습니다. 그리고는 신이 나서 제자들이 안식일을 범하고 있다고 예수님께 고합니다.

그런데 예수님은 바리새인들을 향해 오히려 일침을 가하십니다. 다윗과 다윗의 신하들이 배가 고플 때 제사장만 먹게 되어 있는 진설병을 먹은 사건을 알지 못하느냐고 말씀하십니다. 그들은 진설병을 먹고도 하나님의 징계를 받지 않았습니다. 비록 제사장만 먹을 수 있게끔 허락된 빵이었지만, 굶주림에 지쳐 있던 다윗과 그 병사들에게 하나님은 진설병을 먹을 수 있도록 허락하신 것입니다. 하나님께서는 율법을 지키는 것보다 다윗과 그 사람들의 영혼을 더 귀하게 보셨다는 것을 알 수 있습니다.

또한 예수님은 그와 더불어 인자가 안식일의 주인이라고 이야기하십니다. 자신이 안식일의 주인이기 때문에 안식일에 자기 뜻대로 행하실 수 있음을 설파하신 것입니다. 어떻게 예수님은 안식일의 주인이 되셨습니까? 그것은 예수님께서 안식일을 완전하게 다시 회복시키셨기 때문입니다.

아담과 하와가 죄악에 빠졌을 때, 안식일도 타락하게 되었습니다. 안식일은 하나님의 창조와 그 분이 만드신 피조물들을 기뻐하고 즐거워하는 날이었습니다. 그런데 타락한 피조물들은 하나님의 창조를 보고도 기뻐하지 않았습니다. 그래서 안식일을 지켜도 진정한 안식을 경험하는 것이 불가능하게 돼버립니다.

그런데 예수님의 십자가 은혜로 인류가 회복되고, 하나님의 창조가 다시금 온전해졌습니다. 인간이 하나님의 진노를 받는 죄악된 존재에서, 하나님의 사랑을 받을 수 있는 존재로 다시 태어나게 됩니다. 이에 따라 안식일에 다시금 하나님의 창조를 기뻐하는 것이 가능해졌습니다. 예수님을 통해서 안식일의 진정한 의미가 다시금 성취된 것입니다. 그런 의미에서 예수님은 자신이 안식일의 주인이라고 이야기하셨습니다.

(2) 왜 일요일을 안식일로 지키나요?

많은 이단들이 기독교를 공격할 때 주로 쓰는 방법이 있습니다. 그것은 바로 우리가 현재 지키는 주일이 진정한 안식일이 아니라고 말하는 방법입니다. 실제로 유대인들이 지키던 안식일은 금요일 해지는 시간부터 토요일 해가 질 때까지였습니다. 즉, 우리나라 식으로 말하면 일요일이 아니라 토요일을 안식일로 여겼습니다. 지금까지도 유대인들은 토요일 날 예배를 드리고, 그 날 아무런 행동도 하지 않고 집에서 쉬면서 안식일을 지킵니다.

그렇다면 왜 기독교는 토요일이 아니라 일요일을 안식일로 구별하게 된 것일까요? 그것은 앞서 우리가 보았듯, 예수님께서 안식일의 진정한 의미를 다시 회복시키셨기 때문입니다. 기독교의 소망은 오직 예수님뿐입니다. 그리고 예수님이 재림하시는 날, 진정한 하나님의 나라가 임하게 되고 우리는 새 소망을 얻고 예수님처럼 부활하여 영생을 얻게 됩니다.

이처럼 기독교는 궁극적으로 예수님의 재림과 그의 나라의 완성을 기다리는 종교입니다. 여기서 기독교가 일요일을 안식일로 지키게 된 이유가 나옵니다. 그것은 바로 예수님이 부활하신 날이 일요일입니다. 우리는 부활을 기다리는 종교이기에, 앞으로 우리에게 다가올 예수님의 재림을 기다리며, 또 예수님의 부활이 우리에게도 동일하게 이루어질 것을 소망하고, 기념하기 위해서 일요일을 안식일로 기념하고 있습니다. 그분이 죄와 사망을 이기시고, 세상의 주인이 되신 날, '주일'이 바로 일요일이기 때문입니다.

3. 안식일과 거룩

(1) 은혜로 주어진 거룩함

거룩함은 하나님을 가장 잘 나타내는 단어 중의 하나입니다. 이 '거룩'이란 단어는 히브리어로 '구별되다. 다르다'라는 의미를 갖고 있습니다. 즉, 하나님이 거룩하다는 것은 하나님이 이 세상으로부터 구별되어 있으며, 이 세상 그 무엇과도 다르다는 의미와 동일합니다.

이를 신학적으로 하나님의 유일성(唯一性)이라고 합니다. 하나님의 유일성은 이 세상에 유일한 절대자가 하나님밖에 없음을 우리에게 잘 알려줍니다. 그 분은 이 세상 무엇과도 비교할 수 없는 절대적인 존재이며, 이 세상 무엇과도 구별되는 그분만의 독특한 유일성을 지니고 계십니다.

기독교가 다른 종교에 비해 배타성이 강한 이유는 이

러한 하나님의 거룩성 때문입니다. 하나님은 자신 외에 그 어떤 다른 종교나 이방신을 자신의 백성에게 허용하신 적이 없습니다. 오직 하나님만이 유일한 진짜 신이며, 그 유일한 하나님을 믿는 것만이 진정한 신앙이기 때문입니다. 따라서 기독교의 배타성은 어떻게 보면 우리 신앙의 본질적인 요소라고 볼 수도 있을 것 같습니다. 거룩한 것이 죄와 섞일 수 없듯이, 신앙을 지키기 위해서는 잘못된 것에 대한 배타성을 간직해야만 합니다.

이런 의미에서 하나님의 거룩함은 정결함, 성결함과도 연결됩니다. 하나님이 이 세상과 구별되어 있다는 것은 하나님이 결단코 어떠한 죄와도 섞일 수가 없다는 것을 의미하기도 합니다. 그 분은 죄로부터 완전히 분리되어 계시며, 죄와 한 공간에서 함께 공존할 수도 없습니다. 이것을 다시 설명하면 타락하고 죄로 가득한 인간은 절대로 하나님을 만날 수도, 하나님께 예배를 드릴 수도 없다는 것을 의미합니다.

그런데 신기한 것이 하나 있습니다. 타락하고, 죄로 가득한 인간이 교회에서 하나님께 예배를 드리고 있다는 것입니다. 심지어 하나님은 두세 사람이 내 이름으로 모인 곳에는 자기도 함께 있겠다고 말씀하시기까지 했습니다(마태복음 18:15-20).

어떻게 된 것일까요? 죄로부터 완전히 분리되어 계신 하나님, 죄와 한 공간에서 함께 공존할 수도 없는 하나님이 어떻게 죄악된 우리와 함께 계시고, 우리의 예배를 받아주시고 계신 걸까요?

그것은 하나님의 은혜로 인해 가능해집니다. 하나님께서는 예수님의 십자가 구속을 통해 우리를 의롭다고 칭해주셨고, 이를 통해 우리는 구속함을 받아 하나님께 예배를 드릴 수 있는 존재로 변화되었습니다. 즉, 우리가 지금 교회를 다니고 있고, 하나님께 예배를 드리고 있다는 사실 자체가 바로 하나님의 은혜입니다.

(2) 성도의 거룩함과 안식일
하나님은 스스로 거룩하시고, 그 거룩성을 유지하실 수도 있습니다. 그러나 타락한 인간은 자기 스스로 거룩성을 유지할 수가 없습니다. 우리는 반드시 하나님의 은

혜가 있어야만 거룩함을 유지할 수 있습니다.

저의 스승이신 황영철 교수님은 하나님의 백성이 거룩함을 유지하려면 반드시 어떤 조건을 지켜야 한다고 가르쳐 주셨습니다. 구약에서는 그런 것들이 인간이 지켜야 할 구체적인 행위들로 표현되어 있는 것을 보게 됩니다. 잠시 출애굽기의 내용을 통해 인간이 지켜야 할 거룩한 행위를 살펴보고자 합니다.

출애굽기 3:5　　거룩한 땅이니 신을 벗으라
출애굽기 13:2　　태에서 처음 태어난 것을 거룩히 구별
　　　　　　　　하라
출애굽기 19:23　산 주위에 경계를 세워 산을 거룩하
　　　　　　　　게 하라
출애굽기 28:2　　네 형 아론을 위해 거룩한 옷을 지어라
출애굽기 31:15　일곱째 날은 큰 안식일이니 여호와께
　　　　　　　　거룩한 것이라

이 출애굽기의 내용을 보다 보면, 인간의 지켜야 할 거룩한 행위들의 특징이 무엇인지를 알 수 있습니다. 그

것은 바로 거룩한 것들이 처음부터 거룩하지는 않았다는 것입니다. 출애굽기 3:5에 나와 있는 거룩한 땅은 누구나 걸을 수 있는 평범한 길이었습니다. 그런데 하나님께서 모세를 부르기 위해 그 땅을 사용하시자, 그 땅은 거룩한 땅이 되었습니다.

출애굽기 13:2절의 처음 태어난 생물도 원래부터 거룩한 것은 아니었습니다. 하나님이 그 생물을 제물로 받고자 했기에 거룩한 것이 된 것입니다. 출애굽기 19:23절에 나타난 거룩한 산은 시내산입니다. 그런데 시내산은 언제나 그 자리에 있었고, 누구나 올라갈 수 있는 산이었습니다. 그런데 하나님이 십계명을 선포하기 위해 그 산을 사용하셨고, 그 산 가운데 임재하셔서 모세를 부르셨습니다. 그러자 그 산이 거룩해진 것입니다.

출애굽기 28:2절의 아론의 옷도 마찬가지입니다. 특별한 소재를 써서 거룩해진 게 아니라, 다른 옷과 똑같은 재료로 지어진 옷이었지만, 하나님의 제사장이 입는 옷으로 구별되었기 때문에 거룩해졌습니다.

마지막으로 출애굽기 31:15절에서 안식일이 나옵니다. 일요일은 교회를 다니는 사람이나 다니지 않는 사람 누구나에게 허용된 날입니다. 우리는 안식일을 주일이라 부르며 하나님께 예배드리는 날로 지키지만, 교회를 안 다니는 사람에게는 그냥 평범한 일요일일 뿐입니다.

그렇다면 주일은 어떻게 거룩하게 드릴 수 있을까요? 우리가 이 날을 하나님께 예배드리는 날로 구별할 때, 비로소 주일이 거룩해지게 됩니다.

여기서 우리가 알 수 있는 점은 첫째, 이 세상의 모든 것은 하나님의 목적에 의해 사용될 때, 거룩성을 지닐 수 있게 된다는 것입니다. 그리고 이를 통해 타락한 인간도 하나님의 거룩을 나타낼 수 있게 됩니다.

둘째, 성도의 거룩함의 기준은 세상에 있지 않다는 것을 알 수 있습니다. 하나님의 거룩함은 세상의 도덕성과 다릅니다. 도덕적으로 타락한 인간도 예수님을 믿는다면 하나님께 거룩한 예배를 드릴 수 있습니다. 타락한 인간이 거룩해질 수 있는 유일한 길은 하나님께 자신의 삶을 구별하여 드리는 것입니다. 자신의 목적대로 사는 것이 아니라 하나님의 목적에 맞게 살아갈 때, 우리는 하나님의 거룩한 자녀로 살아갈 자격을 얻게 됩니다.

주일을 통해 신자의 거룩함을 지켜나가십시오. 우리가 주일을 구별하여 하나님께 드릴 때, 거룩함을 유지하고, 온전한 그리스도인으로서 살아갈 수 있게 될 것입니다. 또 구별된 삶을 통해 하나님의 거룩함이 성도를 통해 나타나게 됩니다.

5계명

5계명

네 부모를 공경하라

1. 무조건 공경해야 하나요?

5계명에는 재밌는 별명이 하나 있습니다. '권위계명'입니다. 왜 권위계명일까요? 별명에서 드러나듯이 권위 앞에 순종하는 것을 가르치는 계명이기 때문입니다.

자녀는 부모님께 순종하고 부모님을 공경해야 합니다. 왜? 부모님이기 때문입니다. 단순하지만, 이보다 완벽한 대답은 없습니다. 그러나 5계명의 별명을 잘 생각해본다면, 단순히 부모님이기 때문이라서가 아니라, 부모님이 우리에게 권위를 갖고 있기 때문에 우리가 순종하고 공경해야 한다는 것을 알 수 있습니다.

하나님은 모든 권세가 하나님으로부터 난 것이기 때문에, 우리가 권위 앞에 복종해야 한다고 가르치십니다.
(로마서 13:1)

예전에 TV를 봤는데, 충격적인 뉴스를 보게 되었습니다. 인천의 학교에서 고등학생들이 선생님을 빗자루로 때리고, 욕하는 것이 아니겠습니까? 기간제 선생님이 만만해 보인다는 이유로 그런 잘못된 행동을 저지른 것입니다. 그건 어떤 변명을 늘어놓아도 옳지 못한 행동입니다. 반드시 처벌과 질타를 받아야 합니다.

왜? 선생님이기 때문입니다. 학생은 반드시 선생님을 공경해야 합니다. 물론 선생님답지 못한 분들도 계시다는 것, 저도 잘 알고 있습니다. 저 또한 선생님들에게 옳지 못한 폭력을 당한 적이 많이 있습니다.

초등학교 1학년 입학식 날, 교문 앞에서 영문도 모르

고 선생님에게 호되게 귀와 **뺨**을 얻어맞은 적이 있습니다. 입학식이니 얼마나 많은 사람들이 저를 보고 있었겠습니까? 지금 생각해도 너무나 부끄럽고, 무안했던 기억이 납니다. 생각해보면 사소한 잘못을 했던 것 같습니다. 그러나 초등학교 1학년이 잘못해봤자 얼마나 큰 잘못을 했겠습니까? 오히려 아이인 만큼 잘못을 했다면 부드럽게 잘못을 타일러주는 것이 선생의 올바른 도리일 것입니다. 그런데 다짜고짜 어린아이의 **뺨**을 후려갈긴 것입니다.

훗날 성인이 되어서 가족들과 대화 중에 우연찮게 그때 이야기를 하게 되었습니다. 그러자 어머님께서 그 일을 기억하고 있냐고 놀라시더니, 그 다음 달에 촌지를 가져다 줬다고 말씀해주셨습니다. 다른 학생들은 다 촌지를 줬는데 저만 촌지를 안 줬다는 이유로 그런 촌극을 벌였던 것입니다.

한 번은 중학교 시절 체육 시간에 철봉운동을 할 때였습니다. 열심히 철봉을 하다가 그만 철봉에서 떨어지고 말았습니다. 그런데 체육 선생님이 오시더니 또 다시 **뺨**부터 올려붙이는 것이었습니다. 학생이 다쳤는지 물어보기는커녕, 왜 수업시간에 제대로 운동하지 않고 조심도 하지 않냐며 화부터 내셨습니다. 제가 얼마나 다쳤는지는 하나도 관심이 없으셨습니다. 얼마나 황당하고, 자존심이 상했는지 모릅니다.

그러나 우리가 이런 일을 겪었다고 해서 선생님들을 함부로 대해도 된다는 이야기는 아닙니다. 저 또한 화가 나고 억울했지만, 선생님들에게 함부로 대들지는 않았습니다.

주위를 둘러보면 자녀들에게 부모답지 못한 언행을 하시는 분들도 얼마든지 볼 수 있습니다. 그러나 그런 부모라고 해서, 그분들의 말을 무시하고, 부모에게 대들어도 되는 것은 아닙니다.

저는 이 문단을 처음 시작할 때, 모든 것은 권위로부터 시작된다고 말씀드렸습니다. 선생님과 부모님은 우리에게 권위를 갖고 있습니다. 그렇기 때문에 그 권위에 대한 순종의 자세가 필요합니다. 그러나 여기에는 한 가지 덧붙여야 할 전제조건이 있습니다. 그것은 바로 그 권위를 주신 분이 누구인지 생각해볼 필요가 있다는 점입니다.

아까 성경 말씀을 통해 살펴봤듯이, 모든 권세는 하나님께서 주셨습니다. 즉, 모든 권위와 권세는 하나님으로부터 나옵니다. 이 말은 곧, 하나님의 권위가 이 세상의 권위보다 높다는 것을 의미합니다. 하나님이 주시지 않으면 이 세상의 권위도 존재하지 않기 때문입니다. 즉, 이 세상의 권위와 하나님의 권위가 충돌할 때 우리는 하나님의 권위에 순종해야 합니다.

이 전제조건을 덧붙일 때, 우리는 잘못된 권위의식에 대해 저항하거나 그것을 거부할 수 있는 권리를 가지게 됩니다. 몇몇 부모나 선생님들이 잘못된 권위의식을 가지고 권력을 휘두른다고 해도, 그것을 무조건 받아들여야만 하는 것은 아닙니다.

간단한 예를 들어보도록 하겠습니다. 만약 부모님이 교회를 다니지 않는 분이라서 그 자녀에게 교회를 다니지 말라고 한다면 어떻게 해야 할까요? 그때는 부모님보다 하나님의 권위를 더 앞세워야 합니다. 만약 부모님이 자녀에게 부정부패를 저질러서라도 사회에서 성공하라고 말한다면 어떻게 해야 할까요? 당연히 하나님의 권위를 앞세워 그럴 수 없다고 해야 합니다.

이는 모든 권위에 적용되는 원리입니다. 만약 나보다 권위를 지닌 사람이 하나님의 권위에 올바로 순종하지 못하는 사람일 경우, 우리는 그 권위를 거부할 수 있는 권리를 지니고 있습니다.

다만 이것은 우리에게도 적용되어야 하는 원리임을 잊지 말아야 합니다. 예수님은 우리의 모든 이웃을 사랑하라고 했습니다. 그리고 그 계명이 가장 중요한 두 계명 중 하나라고 하셨습니다(마태복음 22:37-39). 이때 모든 이웃에는 당연히 올바르지 않은 부모나 선생님들도 포함됩니다.

따라서 부모가 올바르지 않다고 해서, 선생님이 나쁜 선생님이라고 해서, 그들을 함부로 대하거나 무시해서는 안 됩니다. 하나님의 권위에 따라 그런 악한 이들이라고 할지라도, 그들의 권위를 완전히 무시해서는 안 되고 지혜롭게 대처할 줄 알아야 합니다. 그것이 모든 이웃을 사랑하라는 하나님의 가장 높은 권위에 순종하는 것이기 때문입니다.

우리는 이처럼 권위에 순종하는 법을 지혜롭게 잘 배워야 합니다. 자기가 가르치는 학생들에 대해 깊은 애정을 갖고 있는 선생님들의 권위를 인정하고, 순종할 줄 알아야 합니다. 그러나 그렇지 않은 선생님들이나 부모들에 대해서는 하나님께 지혜를 구하고 현명하게 행동하는 법을 배워야 합니다.

2. 부모님은 하나님의 대리자

하나님은 왜 부모님을 공경하라고 말씀하셨을까요? 우리가 배운 대로 말해보자면, 왜 하나님은 부모님에게 권위를 주셨을까요? 답은 너무나도 간단합니다.
"부모님은 하나님의 대리자이기 때문입니다."

인류의 시작은 하나님으로부터였습니다. 하나님의 생

명력이 최초의 인류였던 아담에게 전해졌고, 진흙에 불과했던 아담이 생명을 얻어 생령이 되었습니다(창세기 2:7). 그 아담의 생명력은 후손을 통해 계속 전해졌습니다. 그렇다면 지금 우리가 가진 생명력은 어디서부터 온 것일까요? 그것은 아담으로부터 온 것이기도 하지만, 우리 부모님에게로부터 온 것이기도 합니다. 아담에게서 받은 생명력이 우리 부모님을 통해 나에게 전해졌기 때문입니다. 부모님이 없었다면 우리는 생명력을 가지지 못했을 것입니다. 따라서 부모님은 하나님의 생명을 우리에게 전해준 자가 되며, 이를 통해 자연스럽게 부모님은 우리에 대한 권위를 가지게 됩니다.

이 말을 조금 다르게 해석해보도록 하겠습니다. 부모님을 공경하지 않거나 순종하지 않는 자녀는 결국 하나님으로부터 받은 생명력을 인정하지 않는 것이라 볼 수 있습니다. 자살이 큰 죄악 중 하나인 것도 이와 똑같은 이유입니다. 하나님이 주신 가장 귀한 것인 생명을 인정하지 않고 거부한 죄이기 때문입니다.[1] 이 때문에 부모

---

1) 많은 분들이 자살하면 정말 지옥에 가게 되는지 궁금해 합니다. 이에 간단하게 자살에 관해 이야기해보려 합니다. 자살을 큰 죄악으

님을 거역하는 자는, 하나님이 주신 생명의 권위에 대적하고 있다는 의미를 지니게 됩니다.

　부모가 권위를 지니게 되는 두 번째 이유가 있습니다. 이는 자녀가 부모를 통해 이 세상을 살아가는 법을 배우기 때문입니다. 즉, 하나님이 주신 생명을 유지하는 법을 부모를 통해 배우게 됩니다. 하나님이 주신 생명을 유지하는 것은, 하나님께 순종하는 가장 기초적인 방법 중 하나입니다. 이를 통해 하나님께 순종하는 법을 배우게 되니, 부모는 자연스럽게 우리에 대한 권위를 획득한다고 볼 수 있습니다.

로 생각하게 된 것은 12세기 신학자인 토마스 아퀴나스의 견해로부터 비롯되었습니다. 그가 자살을 가장 큰 죄 중 하나인 대죄로 여겼기 때문입니다. 그러나 그 이후, 개신교는 자살을 지옥에 갈만큼 큰 죄라고 가르치고 있지 않습니다.
루터는 자살을 구원에 이를 수 없는 죄로 단정 짓기를 거부했습니다. 칼빈 또한 큰 죄로 여겼으나, 구원과 연결시키지는 않았습니다. 요한 웨슬리도 자살자를 지옥과 관련하여 언급하지 않았습니다. 또한 최근 장로교 총회에서는 '자살자가 지옥에 가는지의 여부는 오직 하나님의 주권에 달린 것'이라는 견해를 내놨습니다. 이외에도 신국원 교수(총신대학교 기독교철학), 오규훈 교수(장로회신학대학교, 목회상담학), 오덕호 교수(호남신학대학교 신약학), 등 많은 분들이 자살자가 과연 지옥을 가는지에 대해서는 오직 하나님만이 알 수 있다고 이야기하고 있습니다.

셋째로 우리는 부모를 통해 하나님을 배우게 됩니다. 이 부분에 대하여 저에게 이렇게 말씀하시는 분도 계실 것입니다. "목사님! 저희 부모님은 하나님을 믿지 않는데요!" 참 안타까운 일입니다. 분명 이들이 부모님을 통해 하나님을 배울 수 있는 부분은 극히 일부분에 불과할지도 모릅니다.

그러나 이렇게 생각해볼 수도 있지 않을까요? 올바른 그리스도인이라면 믿지 않는 사람들을 전도할 때 열심히 기도하고 하나님께 간구하게 되어 있습니다. 하물며 자신의 부모가 믿지 않는데 간절히 기도하지 않을 자녀가 어디 있겠습니까? 그러면 이 간절한 기도를 통해 우리가 하나님을 더 알게 될 수도 있을 것입니다. 하나님을 더 강하게 체험하고, 심지어 기적을 경험하게 될 수도 있을 것입니다. 때로 하나님께서는 믿지 않는 사람들과의 부딪침을 통해 더 강하게 역사하시고, 이를 통해 우리를 연단하시고, 더 성숙하게 만드시기 때문입니다.

반면에 자신이 믿는 집안에서 태어났다면, 그래서 부모님으로부터 신앙을 물려받았고, 하나님을 알게 되었다면 이 또한 크게 감사해야 할 일입니다. 하나님을 아는 것은 많은 재산을 물려받은 것과 비교할 수 없는 훨씬 큰 복이기 때문입니다.

3. 우리도 곧 부모가 된다

앞서 살펴봤듯이, 부모는 권위를 지닌 존재입니다. 그런데 권위라는 것에는 항상 책임이 따른다는 것을 잊어서는 안 됩니다. 권위 있는 존재는 함부로 행동해서는 안 됩니다. 사소한 행동 하나가 그 아래 있는 사람에게 큰 영향을 미칠 수 있기 때문입니다.

자녀들에게 폭력을 휘두르던 아버지 밑에서 자란 자녀는 나중에 자기 자녀들에게도 폭력을 휘두르게 될 가능성이 매우 높다고 합니다. 자녀는 부모에게서 큰 영향을 받기 때문입니다. 만약 부모가 왜곡된 신앙을 가지고 있다면, 자녀 역시 왜곡된 신앙을 가지게 될 확률이 높습니다.

따라서 미래의 부모가 될 우리들은 성삼위일체 하나님에 대해 정확하고 올바르게 이해해야 합니다. 그래야만 미래에 자녀를 낳았을 때, 그 아이들에게 하나님을 제대로 가르쳐 줄 수 있습니다.

5계명의 '부모님을 공경하라'라는 말은 자녀의 본분을 지적하기도 하지만, 반면에 부모의 위치가 얼마나 중요하고, 존귀한 자리인지를 깨닫게 해주는 계명이기도 하다는 것을 우리는 잊어서는 안 됩니다.

얼마 전 인터넷 검색 중에 11살 아이가 집에서 도망친 뉴스를 보게 되었습니다. 친아버지가 매일같이 아이를 때리고, 먹을 것도 주지 않았기 때문이었습니다. 생명의 위협을 느낀 아이는 결국 배관을 타고 집밖으로 도망쳤습니다.

이를 통해 알 수 있는 것이 무엇입니까? 부모의 자리가 축복된 자리가 될 수도 있으나, 부모로서 하나님께 부여받은 권위를 잘못 사용한다면 자칫 한 영혼을 죽이는 자리가 될 수도 있다는 사실입니다. 우리는 5계명을 통해서 부모의 자리는 하나님으로부터 엄청난 복을 받은 자리임과 동시에, 큰 사명을 받은 자리임을 잊지 말아야 합니다.

4. 윗사람이 주는 유익

초등학교 1학년 때, 저희 집 큰 아이는 앞집에 사는 친구와 무척 친했습니다. 그런데 앞집에 사는 친구를 만나기 위해서는 항상 짧은 골목 사이를 건너야 했습니다. 그래서 저는 큰 아이에게 "골목에 차들이 자주 다니니깐 절대 뛰지 말고, 좌우를 살핀 후에 천천히 건너야 한다." 고 여러 번 강조했습니다. 큰 아이가 무척 활발해서 항상 뛰어다녔기 때문입니다.

그러나 여러 번을 강조했지만 큰 아이는 결국 교통사고를 당하고 말았습니다. 친구 집에서 우리 집으로 뛰어오다가 차에 치이고 만 것입니다. 천만다행으로 운전하시던 분이 서행을 하고 있어서 크게 다치진 않았지만, 그때 얼마나 놀랐는지 모릅니다. 만약 속도가 조금만 높았더라도, 생각하기 싫은 끔찍한 일이 일어났을 수도 있을 것입니다.

어른들이 어린 자녀들에게 하는 말은 대부분 좋은 말
인 경우가 많습니다. 성경에 보면 악한 부모일지라도 자
녀에게 좋은 것을 준다고 나와 있습니다(마태복음 7:11). 하
물며 자녀를 사랑하는 부모라면 자녀에게 좋은 것을 주
려고 얼마나 노력하겠습니까?

"골고루 먹어라!"
"운동해라!"
"건널목을 건널 때에는 좌우를 살피고 건너라!"
"공부해라!"

이런 말들이 들을 때는 조금 귀찮게 들릴지는 몰라도,
진심으로 부모님이 우리를 위해 하는 말이라는 것을 우
리는 잊어서는 안 됩니다. 옛말에 '어른 말씀을 잘 들으
면 자다가도 떡이 나온다.'라는 말이 있습니다. 이 말을
자녀들은 가볍게 여기지 말고, 귀 담아 들어야 합니다.

6계명

6계명

살인하지 말라

1. 미움이 살인을 부른다

살인을 하게 되는 동기는 이웃을 미워하는 마음에서부터 출발합니다. "사촌이 땅을 사면 배가 아프다"라는 속담에서 알 수 있듯이, 타락한 인간은 남이 잘 되고 출세하는 꼴을 가만히 보고 있지 못합니다. 그리고 이 미움이 점점 심해지면, 우리는 극단적인 선택으로 이웃을 죽이는 일까지 벌이기도 합니다.

우리는 종종 뉴스에서 미움과 증오 때문에 사람을 죽

이는 이야기를 보게 됩니다. TV에서 자기 친형을 죽이고 집에 불을 질렀다는 끔찍한 뉴스를 본 적이 있습니다. 자기가 진 빚을 좀 갚아달라고 이야기를 했는데, 친형이 그걸 거부했다는 이유로 그런 극단적인 선택을 한 것이었습니다.

어떻게 보면 이 살인이라는 이야기는 우리와 너무 먼 얘기처럼 느껴집니다. 그러나 우리는 현재 타락한 상태라는 것을 잊어서는 안 됩니다.

우리는 미움을 가지지 않기 위해 노력해야 합니다. 그 미움이 결국 이웃을 상처 입히고, 이웃과 우리를 단절시킬 수 있기 때문입니다. 우리는 절대 그러지 않을 것이라 스스로 믿지만, 결국 미움이 심해지면 이웃을 살해하는 극단적인 결과까지도 갈 수 있다는 것을 잊어서는 안 됩니다.

2015년, 자신에게 공금횡령 의혹을 제기한 동료 목사를 살해하려 한 목사가 있었습니다. 어쩌다가 보니 미움이 쌓이고 쌓여서 극단적인 선택을 하게 되었습니다. 당시 뉴스에서는 목사끼리 칼부림을 했다면서 대서특필을 했습니다. 우리 또한 그러지 않으리라는 법이 없습니다.

2. 생명은 얼마나 귀할까?

(1) 하나님의 귀한 창조물, 인간

인간은 하나님의 형상을 지니고 있습니다(창세기 1:27, 9:6). 창세기에 보면 하나님께서 지은 것을 보시고 "심히 좋았더라(창세기 1:31)"라고 말씀하시는 장면이 있습니다. 재밌는 사실은 하나님께서 인간을 짓기 전까지는 그냥 "좋았더라"라고 말씀하셨다는 것입니다. 그런데 인간을 짓고 나서는 "심히 좋았다"고 말씀하십니다.

'심히'라는 단어의 원 뜻은 너무 좋아 펄쩍 펄쩍 뛰는 모습이라는 뜻도 가지고 있습니다. 즉, 하나님께서 인간을 지으시고는 너무 좋아 펄쩍 펄쩍 뛰셨다는 것입니다. 요새 청소년들이 자주 쓰는 말로 번역해본다면 "헐! 대박! 쩔어!" 이런 감탄사로 바꿔도 될 것 같습니다.

그렇기 때문에 인간을 미워하는 일은 하나님의 창조물과 하나님의 형상을 미워하는 일이 되고 맙니다. 그 마음에서 출발한 인간이 결국 더 나아가 인간을 죽이게 된다면, 하나님께서 이렇게 기쁘게 창조하신 창조물을 훼

손하는 것이 돼버립니다. 다시 말해 인간을 살해한다는 것은 하나님이 만드신 하나님의 귀한 창조물을 죽이는 것이고, 하나님의 형상을 죽이는 것입니다. 그러므로 하나님의 창조물을 함부로 훼손(살인)해서는 안 됩니다.

우리는 하나님께서 만드신 창조물을 존귀하게 여길 수 있어야 합니다. 그것이 하나님의 존엄성을 인정하고, 더 나아가 하나님을 찬양하는 행위가 됩니다. 그렇기 때문에 인간은 이웃뿐만 아니라 하나님께서 만드신 자연조차 아끼고 보호해야 합니다.

(2) 우리 생명은 우리 것이 아니다
우리는 흔히 자신의 생명에 대한 소유권이 우리에게 있다고 생각합니다. 우리 삶이니 우리가 멋대로 해도 된다고 생각하는 것입니다. 특별히 동양에는 유교사상이 매우 강력하게 자리 잡고 있는데, 이 때문에 비극적인 일이 일어나기도 합니다.

유교사상에서 가장 중요하게 여기는 것 중 하나가 바로 효입니다. 그런데 이 효사상은 부모의 권위를 지나치게 높이는 결과를 낳았고, 자식을 부모의 것이라고 생각하게 만든 결과까지 낳게 되고 말았습니다. 그래서 우리나라에서는 부모들이 극단적인 선택을 할 때, 아이들의 생명까지 함께 앗아가는 잘못된 행위를 하는 것을 자주 볼 수 있습니다.

왜 이런 선택을 하는 것일까요? 아이들의 생명이 자기 것이라고 생각하기 때문입니다. 내가 낳았기 때문에 내 아이고, 내가 낳았기 때문에 이 아이의 생명을 자기 맘대로 할 수 있다는 잘못된 생각을 가지고 있는 것입니다. 이것이 유교사상이 가져온 가장 잘못된 생각 중 하나라고 저는 생각합니다.

생명을 함부로 여기는 현상은 이것뿐만이 아닙니다. 대표적인 또 다른 사건 중 하나로 우리는 2020년 상반기, 코로나 바이러스와 함께 한국 사회를 떠들썩하게 만든 사건을 예로 들 수 있습니다. 바로 조 씨라는 사람이 텔레그램이라는 메시지 전송 앱을 이용해 아동과 청소년의 성을 착취한 음란 영상을 유포한 사건입니다.

주동자인 조 씨는 텔레그램이라는 앱에서 단체방을 만들어 아동·청소년 성 착취물을 배포했고, 이 단체방에 들어오려 하는 사람들에게는 일정 액수의 가입비를 받았습니다. 또한, 아동·청소년 성 착취물의 등급을 매겨 '일반방, 고액방, 최상위방'으로 방을 구별하여 만들고, 최상급으로 갈수록 더 자극적인 성 착취물을 볼 수 있게끔 했습니다. 조 씨는 이를 통해 막대한 돈을 벌었으며, 놀랍게도 조 씨가 유포한 아동·청소년 성 착취물을 보기 위해 조 씨가 만든 사이트에 가입한 사람이 무려 26만 명이나 된다고 합니다.

도대체 왜 이렇게 많은 사람들이 조 씨가 만든 텔레그램 방에 열광한 것일까요?

이는 자신들의 음란한 욕심을 채우기 위해서였습니다. 쉽게 말해 다른 사람들의 생명을 하찮게 여기면서까지 자신의 욕심을 채우려 합니다. 심지어 이들은 더 자극적인 것을 원해서 영아를 살해하는 끔찍한 장면을 촬영해서 공유하려는 계획까지 세웠었다고 합니다. 이들이 정말로 타인의 생명을 소중하게 여길 줄 알았다면, 절대 이런 짓을 저지르려 하지 않았을 것입니다.

3. 우리는 죄인이야!

가끔 웹툰에서 무협 만화를 보곤 합니다. 그런데 무협 만화는 대부분 내용이 무척 단순하고 쉽습니다. 주인공은 보통 어린 아이로 등장합니다. 그리고 어렸을 때 주인공을 키워준 부모나 스승이 있는데, 대부분 절세무공을 갖춘 재야의 고수입니다. 그러나 또 다른 엄청난 고수가 나타나 부모나 스승을 공격하게 되고 주인공은 이로 인해 소중한 사람을 잃게 됩니다.

그 다음은 뻔합니다. 주인공은 피나는 수련을 통해 엄청난 내공을 갖추게 됩니다. 그래서 부모의 원수, 또는 스승의 원수를 만나 복수하게 되는 것이죠. 이런 내용이 대부분의 무협 만화가 사용하고 있는 스토리라인입니다.

그런데 우리가 세상을 살다 보면, 무협만화처럼 우리 삶에도 도저히 지나칠 수 없는 원수(?)를 만나는 일이 발생합니다. 때로는 무협만화에 나오는 철천지원수만큼 그 사람이 정말 싫어지기도 하고, 그 정도는 아니지만 그냥 만나기 꺼려지고 불편한 사람이 생기기도 합니다. 살면서 '원수'는 왜 생겨나게 되는 걸까요?

첫째, 인간의 본성이 악하기 때문입니다. 타락한 인간은 자연스럽게 누군가를 미워하거나, 질투하게 됩니다. 그 사람이 내게 잘못한 게 없는데도 불구하고 괜히 그 사람을 미워하게 되기도 하는 것입니다. 심지어 미워하는 일을 즐기기까지 합니다.

큰 아이가 중학교 시절 왕따를 경험한 적이 있습니다. 그래서 딸아이와 의논을 하던 중에 다음 날 가서 그 친구한테 물어보라는 조언을 해주었습니다. 왜 딸아이가 싫은지에 대한 이유를 알면 해결책을 찾을 수 있을 것 같았기 때문입니다. 그래서 다음 날 학교에 가서 친구에게 물어 보았다고 합니다.

"야! 너 왜 나를 괴롭히고 미워하나?"
그런데 친구의 답변이 참 섬뜩했습니다.

"나는 네가 그냥 싫어!"

이처럼 인간은 아무 이유 없이 다른 사람을 미워할 수 있습니다. 그리고 그렇게 다른 사람을 미워해도 그게 잘못인 줄을 모르고 살아갑니다. 인간의 죄 된 본성이 우리를 언제든지 악으로 이끌어갈 수 있기 때문입니다. 우리도 나에게 잘못한 것이 없는 친구를 이유 없이 미워하거나 싫어하고 있다면, 하나님께 즉각 잘못을 뉘우치는 회개기도를 해야 합니다.

둘째, 상대를 존중하지 않는 마음 때문입니다. 쉽게 말해 상대를 만만히 보는 것입니다. 신학대학원 시절, 상담학수업을 들은 적이 있습니다. 수업 중에 학생이 내담자가 되어서 교수님께 상담을 받아 보는 시간이 있었습니다. 상담내용을 무엇으로 할지 고민하다가 아내와 아이들에게 함부로 대하는 것에 대해 상담을 받게 되었습니다. 그런데 제 얘기를 듣던 교수님이 평생 잊지 못할 말을 제게 해주셨습니다. "가족에게 함부로 대하는 것은 가족을 만만하게 보기 때문"이라고 제게 말씀해주신 것입니다.

그 얘기를 듣고 순간 가슴이 쿵했습니다. 그 말이 정확하게 맞았기 때문입니다. 저는 속으로 자기도 모르게 '가족은 내가 함부로 해도 되는 존재다'라고 생각하고 있었습니다. 그리고 그런 생각이 무의식중에 제 행동으로 나타나고 있었던 것입니다. 이후 저는 무던히 그런 생각을 고치려고 노력했습니다. 그 결과, 지금은 다행히 예전보다는 훨씬 더 가족을 사랑하고, 존중하고, 아끼는 가장이 된 것 같습니다.

우리가 다른 사람을 정말 하나님의 귀한 영혼으로 바라본다면, 그 사람을 쉽게 미워할 수 없을 것입니다. 이웃을 살인하는 이유는 이웃을 만만하게 보기 때문입니다. 이웃을 존중하지 않기 때문입니다. 이웃을 무시하고, 차별하고, 그 영혼을 가볍게 여깁니다. 그러면 결국 그 영혼을 파괴하는 행위를 서슴없이 이웃에게 하게 됩니다.

타락한 인간은 하나님 없이 이웃을 사랑하고, 존경할 만한 준비가 되어 있지 않습니다. 이웃을 존중하고, 진심으로 사랑하기 위해 우리는 항상 하나님을 의지해야만 합니다.

4. 공감능력을 가져라

(1) 시대의 아픔에 공감한 여인, 한나

호세아서에 나온 말씀을 보면 하나님의 속성에 대해 무척 잘 설명하고 있다는 것을 알 수 있습니다.

> **"나는 인애를 원하고 제사를 원하지 아니하며 번제보다 하나님을 아는 것을 원하노라"** (호세아 6:6)

여기서 '인애를 원한다.'라는 말은 '변함없는 사랑을 원한다.'라는 표현으로도 쓸 수 있습니다. 또 '인애'를 사랑이 아닌 '자비'라는 단어로도 쓸 수 있습니다. 하나님은 우리에게서 변함없는 사랑을 원하시고, 또 자비를 원하신다는 것입니다. 이는 그분이 변함없이 우리를 사랑하시고, 끝없는 자비로 우리를 돌보시기 때문에 가능한 말씀이라 볼 수 있습니다.

'자비'란 무엇일까요? 자비는 '남을 깊이 사랑하고 가엾게 여기는 태도'를 뜻합니다. 또는 '사랑하고 가엾게 여겨서 그 사람에게 어떤 도움을 주는 행위'를 말하기도 합니다. 그런데 남을 사랑하고 가엾게 여기기 위해서는 먼저 그 사람과 함께 기뻐하고, 함께 슬퍼할 수 있어야 합니다. 쉽게 말해 '공감능력'이 있어야만 자비를 행할 수 있습니다.

구약시대에 이런 공감능력을 지녔던 대표적인 인물이 한 명 있습니다. 바로 한나입니다. 보통 우리는 한나를 생각하면 간절한 기도를 통해 사무엘을 낳은 여인이라고만 알고 있습니다. 그러나 한나는 깊은 영성과 공감능력을 가진 여인이었습니다. 한나는 시대의 아픔에 공감할 수 있었고, 그러한 시대의 아픔에 자신이 응답하는 기도를 올려드림으로써 사무엘을 얻은 여인이기 때문입니다. 즉, 하나님께서 한나의 기도에 응답하셨던 이유는 한나의 공감능력에 있었습니다.

간략하게 한나의 이야기를 소개해보도록 하겠습니다.
한나의 남편 엘가나에게는 브닌나라는 다른 아내가 있었습니다. 그런데 이 브닌나는 아이를 잘 낳았는데, 한나는 아이를 낳지 못해서 매일 브닌나에게 괴롭힘을 당하게 되었습니다. 엘가나가 여러 위로의 말로 한나를 위로했지만, 한나는 위로를 받을 수가 없었습니다. 아이가 없으니 그 무슨 위로의 말도 소용이 없었던 것입니다.

한나는 결국 아이를 얻기 위해 간절히 기도하다가 자신이 낳은 아이를 하나님께 드리고, 평생 그 머리를 삭도에 대지 않겠다는 서원기도를 하게 됩니다. 머리를 삭도에 대지 않는다는 것은 아이를 평생 하나님께 완전히 드리겠다는 나실인으로서의 서원을 뜻합니다.

그런데 어떻게 이 기도가 나왔을까요? 하나님께서는 그 시대의 아픔을 한나에게 보여주었을 것입니다. 한나가 살던 때는 사사시대의 황혼기였습니다. 사사시대는 잘 알고 있겠지만, 혼란과 죄악, 범죄가 넘쳐나던 때였습니다. 이스라엘 백성들 모두가 자기 믿고 싶은 대로 하나님을 믿었고, 자기가 옳다고 생각하는 대로 하나님을 섬겼습니다.

하나님은 이런 사사시대에도 자신의 뜻에 따라 이 세상을 바꿀 단 한 사람을 원했습니다. 그런데 그 한 사람이 나오지 않는 것입니다. 그 한 사람을 주님께 드리겠다는 사람이 없는 것입니다. 하나님은 그런 자신의 아픔을 한나에게 보여주셨을 것입니다. 마치 아이를 못 낳아서 고통스러워하는 한나처럼, 하나님은 이 죄악의 시대에 자신에게 순종하는 한 사람이 없어서 고통스러워하고 계셨습니다.

이런 시대의 아픔은 그 당시 대제사장이었던 엘리에게서 잘 드러납니다. 백성들의 아픔과 고통을 어루만져줘야 할 대제사장이 백성들의 아픔의 대해 전혀 공감하지 못하고 있었던 것입니다. 얼마나 공감을 못 했는지 엘리는 한나가 간절히 기도하는 모습을 보고는 술에 취해 있는 모습으로 착각을 했습니다.

백성들과 공감하지 못한다는 말은 당연히 하나님의 마음과도 공감하지 못하고 있었다는 얘기가 됩니다. 대제사장마저도 이 모양이니 그 시대에 하나님과 진정으로 마음을 나눌 만한 사람이 어디 있었겠습니까? 그래서 하나님은 하나님의 마음을 알아줄 한 사람이 없어서 탄식하시고, 슬퍼하셨습니다.

한나는 그런 하나님의 아픔을 보았고, 그래서 자신의 자녀를 하나님께 드리겠다고 서원했습니다. 자신의 아이가 그런 하나님의 아픔을 해결해줄 사람이 되었으면 하는 바람에서 나실인의 서원기도를 드리게 된 것입니다. 그리고 한나의 기도를 들으신 하나님은 한나의 아이를 들어 사용하십니다.

이 아이가 바로 이스라엘의 마지막 사사인 사무엘입니다. 사무엘은 사사시대의 혼란과 죄악을 종식시키고, 이스라엘을 왕정시대로 이끌어갑니다. 또한 다윗을 왕으로 세움으로써 이스라엘 최고의 전성기를 맞이하게 만들기도 합니다.

(2) 공감은 성도의 가장 강력한 자산이다

우리가 한나의 이야기를 통해 보았듯, 공감할 수 있는 능력은 성도에게 엄청난 자산이 될 수 있습니다. 이웃이 얼마나 아픈지 알 수 있다면, 그 아픔에 대해 공감할 수 있다면, 그 사람은 그 이웃의 상처를 감싸줄 수 있습니다. 더 나아가 이 시대의 아픔에 공감할 수 있는 성도라면 그 시대의 아픔을 위로하고, 감싸줄 수 있는 사람이 될 수 있습니다.

하나님은 오늘도 이웃의 아픔과, 시대의 아픔에 공감할 수 있는 그리스도인을 찾고 있습니다. 시대가 그를 요구할 것이고, 하나님이 그를 필요로 할 것입니다.

그러나 한 가지 주의할 점이 있습니다. 그것은 공감능력에 대해 자칫 오해하기 쉬운 부분이 있다는 것입니다. 공감은 상대방이 말하는 내용을 무조건적으로 동의해주는 것이 아닙니다. 내 감정과 느낌, 옳고 그름을 다 무시하고 무조건 상대방이 맞다고 해주는 것이 공감이 아니라는 것입니다. 상대가 왜 그렇게 생각하고, 왜 그런 행동을 했는지를 이해해야 합니다. 우리가 어떤 사람의 말을 듣고 "아 저 사람은 지금 이래서 힘들고, 그래서 이렇게 말하고, 이런 행동을 하는구나!" 이렇게 이해를 할 때, 그 사람에 대해 공감할 수 있게 됩니다.

성경에 보면 온유한 자라는 표현이 나오는데, 이때 이 온유한 자라는 말의 뜻은 '분노한 상대의 마음을 차분하게 만들어주는 힘을 가지고 있는 사람'이라는 뜻을 가지고 있습니다. 온유한 사람은 바로 이 공감능력을 가지고 있는 사람입니다. 우리가 어떤 사람의 아픔에 대해 깊이 공감할 때, 그 사람의 마음이 차분해지기 때문입니다.

어떤 사람이 큰 배신을 당해 사람에게 깊은 상처를 받아서 분노에 차 있다고 해봅시다. 그런데 그와 똑같은 아픔을 겪은 어떤 사람이 와서 이 사람에게 공감해주었습니다. 그러면 자연스럽게 그 사람의 아픔이 어루만져지고, 위로를 얻게 됩니다. 그리고 분노에 찬 감정도 어느새 사그라들게 됩니다. 공감은 이렇듯, 우리를 온유한 자로 만들어줍니다.

5. 말씀을 통해서도 공감능력이 키워진다

(1) 배려심이 나를 살린다

성도가 공감할 수 있는 능력을 기르기 위해서는 말과 행동부터 달리 하는 습관을 길러야 합니다. 친한 사람에게 속상하고 마음 아픈 일이 났을 때, "아~ 그랬구나! 많이 속상하겠다." 또는 "어쩌면 그럴 수 있니? 너 많이 힘들었겠구나!"라는 말로서 상대를 인정하고, 그 아픔과 상처에 공감하는 태도를 보여주는 것입니다. 완전히 그 사람을 이해할 수 없을지라도, 진정성에서 나온 배려심 있는 태도와 언어는 충분히 슬픔에 빠진 사람을 위로할 수 있다는 것을 우리는 잊어서는 안 됩니다.

지인 중에 친구처럼 가까이 지내는 집사님이 계십니다. 이분은 상대의 대한 배려가 몸에 깊숙이 배인 분이십니다. 무엇 하나 설명을 하실 때 보면 간단히 해도 되는 것을 긴 시간 동안 세세하게 말을 해주십니다. 어쩔 때는 지나치다고 느낄 정도로 상대의 대한 배려가 깊다는 것을 느끼곤 합니다. 그러나 그 덕분에 저는 그 집사님에 대해 한 번도 나쁜 감정을 가져본 적이 없습니다.

다른 사람들도 그 집사님에 대해 저와 똑같은 감정을 느낀 것 같습니다. 그 집사님을 보다 보니 사회생활을 하면서도 항상 그분이 직장 동료들과 원만한 관계를 유지하는 것을 봤기 때문입니다. 한 번은 이런 일도 있었습니다. 집사님이 다니던 회사가 어려운 상황에 처해 인력감축을 하게 됐습니다. 구조조정을 하던 중에 집사님이 포함될 뻔했는데, 직장동료와 거래처에서 이분과 계속해서 일을 하고 싶다는 말을 많이 해서 계속 회사를 다닐 수 있었다는 것입니다. 이처럼 상대의 대한 배려와 동질

감은 원수를 만들지 않는 것을 넘어서, 자기자신에게도 도움이 된다는 사실을 깨달아야 합니다.

(2) 말씀과 공감능력

지난 교회에서 청년부와 유년부를 맡아서 가르친 경험이 있었습니다. 그 중에 기억에 남는 사건이 있는데, 유년부에서 어린 친구들에게 십계명에 대해 설교를 했을 때입니다. 설교가 끝나면 공과시간에 선생님들이 아이들을 데리고 십계명을 한 번 더 가르치며 교제하는 시간을 가지게 했습니다.

그런데 유년부에서 유난히 친구들과 잘 어울리지 않고 혼자 노는 남자 아이 한 명이 있었습니다. 어떻게 하면 그 아이가 다른 친구들과 친해질까 고심하던 중에, 어느 날 팀을 나눠서 게임을 하게 되었습니다. 그런데 한쪽 팀의 인원이 부족하게 되었고, 저는 마침 좋은 기회다 싶어서 그 친구에게 다른 친구들과 함께 게임을 해줄 것을 요청하였습니다.

"친구들과 함께 놀아 줄 수 있니?" 그랬더니 "왜요?"

라고 질문을 하는 게 아니겠습니까?

그래서 "네가 한 명이 부족한 팀에 들어가서 함께 짝을 이루어 게임을 하면, 여러 친구들과 더 재밌고, 즐겁게 놀 수 있지 않겠니?"라고 했더니 이 친구가 하는 말이 참 황당했습니다.

"저 보고 머리 수 채우라는 말이죠?" 아이의 직설적인 말에 당황했지만 태연하게 대답을 했습니다. "그렇지."

그랬더니 이 친구가 잠시 생각을 하고는 "알았어요! 함께 게임을 할게요." 하면서 게임에 적극적으로 임하는 것이었습니다. 평소에 안 그러던 친구가 대번에 저의 요청에 오케이를 해준 것을 보고 저는 '이 친구가 오늘 왜 이렇게 맘이 열렸을까?'하고 곰곰이 생각해보게 되었습니다.

그 해답은 잠시 후 밝혀졌습니다. 끝나고 나서 이 아이와 잠깐 얘기를 하게 되었는데, 예배시간에 들은 말씀을 정확히 기억하고 있었던 것입니다. 저는 사실 이 아이가 말씀을 잘 듣지 않는 것 같아서 걱정하고 있던 터였습니다. 항상 예배 시간에 한쪽 구석에 가서 혼자 말씀을 듣고 있었기 때문입니다. 그런데 사실은 혼자 앉아서도 제 설교를 다 들었을 뿐만 아니라 특히 십계명에 관한 설교내용을 잘 이해하고 있었습니다. 그리고 그 날은 이 친구에게 공감능력에 대해서 설교를 했었습니다. 이 말씀을 듣고 이 친구의 마음에 변화가 일어났었던 것입니다. 그래서 기꺼이 친구들과 함께 노는 것을 허락했고(?) 그 친구는 금세 다른 아이들과 친해지게 되었습니다. 말씀을 통해서 다른 친구들과 함께 할 수 있는 공감능력이 만들어지게 됩니다.

공감은 다른 사람들뿐만 아니라 하나님과의 교제도 깊게 만드는 능력이 있습니다. 우리는 말씀을 통해서도 공감능력이 길러질 수 있음을 믿고, 항상 성경공부를 게을리 하지 않는 습관을 기르기 위해 노력해야 합니다.

[그림 묵상]

7계명

7계명

간음하지 말라

1. 부끄러운 성? 아름다운 성!

십계명 중에 7계명을 다룰 때마다 부끄럽고, 난감한 적이 많았습니다. 왜냐면 7계명은 실제로 남녀 간의 성(性)에 관해서 다루고 있기 때문입니다. 요즘 아이들에게 성에 대해 강의를 하면, "이 정도는 우리도 다 알아요"(?)라는 반응이 나와서 오히려 제가 적잖이 부끄러워질 때가 많이 있던 것 같습니다.

'간음하지 말라'라는 7계명은 본질적으로 성의 고귀함

에 대해 가르쳐주고 있는 계명입니다. 남녀 사이의 성은 아름다운 것입니다. 그렇기 때문에 우리는 남녀 사이의 성관계를 혐오하거나 추잡한 것으로 생각해선 안 됩니다. 또한 성을 함부로 사용하거나 하찮게 여겨서도 안 됩니다. 성이 고귀하고, 아름답고 소중한 것이기 때문에 신자는 하나님이 허락하신 아름다운 때가 될 때까지(결혼) 성(性)의 순결함을 지키며, 살아가야 합니다. 이것 또한 7계명이 알려주고 있는 교훈이기도 합니다.

2. 에이, 간음법도 없는데!

(1) 간음은 또 하나의 우상숭배
　국어사전에 보면 '간음'이란 단어를 '부정한 성관계'라고 설명하고 있습니다. 두산백과에는 간음을 '남·녀 간의 자연적 성관계'라고 왜곡되게 설명하고 있습니다. 아마 간음법이 사라진 이후, 이것을 처벌할 수 없기 때문에 이렇게 설명을 바꾼 듯합니다. 그러나 라이프성경사전을 보면 다음과 같이 분명하게 설명하고 있는 것을 알 수 있습니다.

'결혼한 사람이 배우자 이외의 다른 상대와 성관계를 갖는 행위'

세상적으로 간음법이 사라졌다고 해서 하나님의 율법이 사라진 것은 아닙니다. 당연히 그리스도인들에게 간음은 저질러서는 안 되는 죄입니다. 간음한다는 것은 본질적으로 하나님이 아닌 다른 신을 섬기고 사는 것과 마찬가지인 죄악이기 때문입니다.

인간은 성삼위일체 하나님과 연합하여 온전한 성도가 되고, 오직 성삼위일체 하나님만 의지하고 살 때 진정한 기쁨과 만족을 얻으며 살아갈 수 있습니다. 하나님 외에 다른 신을 의지할 때 성도는 죄를 저지르는 것이고, 영원한 기쁨과 만족을 잃어버리게 됩니다.

이와 마찬가지로 결혼한 성도들은 배우자만을 사랑하고, 섬겨야 하는 존재로 변화됩니다. 우리가 하나님 외에 다른 신에게서 기쁨과 만족을 찾으려고 해서는 안 되듯이, 결혼도 이와 같습니다. 결혼을 통해 서로에게 묶인 성도들은, 오직 서로에게서만 진정한 만족과 기쁨을 찾아야 합니다. 결혼한 남자는 지금의 아내가 아닌 다른 여자에게서 기쁨을 얻어서는 안 되며, 마찬가지로 결혼한 여자는 지금의 남편을 통해서만 행복을 누려야 합니다.

왜 그럴까요? 그것은 하나님과 성도의 관계가 신성하듯이 부부의 관계 역시 신성하기 때문입니다. 신성하다는 것은 거룩하다는 것을 의미합니다. 거룩은 앞서 설명했듯이 '구별됨'을 의미합니다. 하나님이 구별된 유일자로서 우리의 예배를 받으시듯이, 배우자는 내가 성적인 만족을 누릴 수 있도록 하나님이 허락해주신 유일하게 성적으로 '구별된' 존재입니다. 그 구별된 존재를 벗어날 때, 우리는 하나님께 죄를 범하게 됩니다.

(2) 왜 만족하지 못할까?

타락한 인간이 한 남자, 한 여자에게 만족하지 못하는 이유는 하나님으로부터 오는 만족함을 누려보지 못했기 때문입니다. 만족함이 없기 때문에 이 사람, 저 사람을 찾아다니며 내면에 있는 이성적인 갈증을 채우려고 합니다.

인간은 온전히 하나님께 자신을 의탁했을 때 진정한 만족을 누리게 됩니다. 그리고 이를 통해 우리는 비로소 한 남자, 한 여자에게서 완전한 만족을 누릴 수 있게 됩니다. 따라서 간음하지 않기 위해서는 하나님만 의지하고 하나님만 섬기는 것이 필수라고 할 수 있습니다.

또한 가정에서 부부는 자신의 역할에 충실해야만 합니다. 남편은 가장으로서의 역할에 충실하며, 아내는 남편을 돕는 배필로서 최선을 다해 남편을 내조해야 합니다. 만약 서로가 자신의 역할에 충실하지 못한다면, 이는 올바른 부부생활도 아닐뿐더러, 서로의 순결을 지키지 못하는 위험성을 가져올 수도 있습니다.

연애할 때 한 사람의 마음이 떠나게 되면, 그 관계는 굉장히 깨지기 쉬운 상태가 돼버립니다. 아무리 다른 한 사람이 그 사람을 많이 사랑한다고 해도, 자신이 사랑하는 사람이 자신을 차갑거나 냉정하게 대하는 것을 오래 견딜 수는 없기 때문입니다.

이는 결혼한 부부에게도 마찬가지로 나타날 수 있는

증상입니다. 부부는 최선을 다해 서로가 서로를 사랑해야 할 책임이 있습니다. 그런데 한쪽에서 이 책임을 제대로 지지 못하면, 부부관계는 무너질 위험에 처하게 됩니다. 아침 드라마에서 흔히 볼 수 있는 막장 스토리 중 하나가 있는데, 남편이나 아내 중 한쪽이 부부관계를 소홀히 여기는 바람에, 한쪽이 그만 다른 사람한테 마음이 가버리는 이야기입니다.

물론 기독교인은 어떠한 상황에서도 절대 그렇게 해서는 안 됩니다. 다만 서로가 서로를 최선을 다해 존중하고, 사랑하지 않는 것이 그만큼 큰 죄악이며, 큰 위험을 불러올 수 있다는 사실은 항상 직시하고 있어야 합니다. 마지막으로 가정에서 그러하듯이 신자는 교회 안의 지체로서 서로의 순결함을 위해 기도해주고, 위로하며, 늘 함께 하는 태도를 갖춰야 합니다.

3. 음란물을 보는 것도 간음인가요?

7계명에 관해 인터넷에서 살펴보던 중 재미있는 질문

을 하나 발견하게 되었습니다. "포르노나 음란물을 보는 것도 간음하는 건가요?"라는 질문이었습니다. 그리고 그 아래 답변이 달려 있었는데 "성경에서 말하는 것은 성도가 하나님만을 사랑하지 않고, 다른 것을 사랑하는 것을 간음이라 표현한 겁니다."라고 설명해 놓은 것을 보았습니다. 쉽게 표현하자면 "하나님 아닌 다른 것(음란물)을 사랑⑦했으므로 간음한 것입니다" 정도로 풀이할 수 있을 것 같습니다.

이 말이 완전히 틀렸다고는 볼 수 없지만, 조금 부족한 설명이라는 생각이 듭니다. 7계명이 오직 하나님과의 관계만을 설명하고 있다고 볼 수 없기 때문입니다. 하나님과의 관계에 대해서는 이미 1~4계명에서 충분하게 설명하고 있습니다.

따라서 우리는 7계명을 대할 때 하나님과의 관계뿐만 아니라 남녀 사이의 관계에서 발생하는 성문제 또한 꼬집어 말할 수 있어야 합니다. 즉, 처음 질문에 대한 올바른 대답은 "하나님뿐만 아니라 배우자를 사랑해야 하는데 다른 것(음란물)을 사랑했으므로 간음했다." 정도로 할 수 있습니다.

앞서 말했듯이 하나님께서 주신 성(性)은 신성하며, 고귀한 것이기에 공유할 수도 없으며, 하찮게 여겨서도 안 됩니다. 성을 혐오하거나 추잡한 것으로 여겨서도 안 됩니다. 그러므로 음란물을 보는 행위는 올바르지 않습니다. 예수님께서는 여자를 보고 음욕을 품는 자마다 이미 간음하였다고 말씀하셨습니다(마태복음 5:28). 음란물에 나오는 이성을 보면서 음욕을 품지 않기란 불가능할 것입니다. 따라서 음란물을 보는 것은 예수님 기준에 비춰본다면 분명 간음한 것이 돼버리고 맙니다.

이를 통해 알 수 있는 점은 7계명이 우리 그리스도인들에게 성에 관하여 믿지 않는 사람들보다 더 높은 도덕성을 요구하고 있다는 점입니다. 그러나 개인적으로는 한창 자라나는 청소년들이 음란물을 봤다는 이유로 너무 큰 좌절과 절망감에 빠지지 않았으면 좋겠습니다.

창세기에 보면 에서가 자신의 장자권을 야곱에게 팥 죽 한 그릇에 팔아버리는 모습이 나옵니다. 그런데 장자권이 팥죽 한 그릇에 판다고 해서 팔리는 것이 아닙니다. 그렇다면 성경이 에서를 책망하는 이유는 무엇일까요? 바로 하나님의 신성한 권리를 가볍게 여겼다는 이유 때문이었습니다. 에서가 팥죽 한 그릇을 먹었기 때문에 장자권이 야곱에게 넘어간 것이 아니라, 평생 동안 에서가 보여준 하나님에 대한 경솔한 태도와 행위 때문에 장자권이 야곱에게 넘어가게 된 것입니다.

우리의 성도 이와 같습니다. 음란물 한 번 보았다고 우리의 성이 완전히 망가지거나 타락하는 것은 아닙니다. 한 번 무너졌다고 좌절할 게 아니라, 성을 고결하게 지킬 수 있도록 평생토록 노력하고 기도해야 합니다.

4. 오빠 믿지!

(1) 그 정도뿐이겠어?
요즘 딸아이의 대화를 듣다 보면, 이성친구가 없으면 바보 취급을 한다고 합니다. 여학생들만 다니는 학교인데 그렇게 이성 친구에 대해 관심이 많고, 시간가는 줄 모르고 이성 친구에 대해 많은 이야기를 한다는 것을 들었습니다. 한 번은 친구들끼리 모여 이런저런 이야기를 하는데 이성 친구가 없는 아이들이 이성 친구가 있는 애들에게 이런 질문을 했다고 합니다.

"손 잡아봤어?" 그런데 답변이 무척 놀라운 겁니다. "키스도 했지~" "뽀뽀가 아니라 키스?" "그렇지~"

게다가 이걸 말하던 친구는 부끄러워하는 것이 아니라 자랑스럽게, 마치 자신이 어른이 된 것처럼 어깨에 힘을 잔뜩 주고 이 말을 했다고 합니다. 그런데 이 말을 듣던 옆에 친구가 더 놀라운 말을 꺼내면서 이 대화는 끝나고 말았습니다. "키스만 했겠어!?"

이성교제를 못 하고 있던 친구들은 이 이야기를 들으면서 무척이나 부러워하며, 빨리 자기도 이성교제를 해야겠다는 열의에 찬 결심(?)을 했다고 합니다.

(2) 청소년과 이성교제
청소년 시기에 이성교제를 하는 것은 바람직할까요?

사회에서는 이성교제를 많이 해봐야 남자를 알고, 여자를 알 수 있다고 가르칩니다. 그런데 여기에는 사탄의 속임수가 존재합니다. 무작정 이성교제를 많이 한다고 좋은 것이 아니기 때문입니다. 하나님이 허락하신 때에 올바른 이성교제를 할 때, 우리는 아름답고 행복한 연애를 하고, 좋은 결혼을 할 수 있는 사람으로 성장하게 됩니다.

청소년 시기에는 아직 자신의 인생을 책임질 수 있는 준비가 되어 있지 않습니다. 청소년은 아직 자신의 인생이라는 숲을 들여다볼 수 없는 때입니다. 오히려 인생이라는 숲을 가꾸기 위해, 열심히 나무를 심는 시기라고 보는 것이 더 적절할 것입니다. 그런데 열심히 다양한 나무들을 심어야 할 청소년 시기에 연애를 하게 되면, 나무를 심고 가꾸기보다는 '연애'라는 나무 한 그루에만 삶이 지나치게 집중될 확률이 높습니다.

성인은 연애를 해도 자신의 삶을 무너뜨리지 않고 균형감 있게 인생이라는 숲을 가꿉니다. 자신이 어떤 사람인지 정확히 알고, 자신의 숲을 책임질 수 있는 만큼 성숙해졌기 때문입니다. 그런데 청소년 시기의 연애는 다른 나무들을 아예 돌보지 않고, 오직 연애라는 한 나무에만 집중하도록 만듭니다. 많은 나무들을 심어 숲을 풍성하게 해야 할 시기에 숲을 버려두게 되는 것입니다. 그래서 청소년 시기에 너무 연애에만 집중하다 보면, 건강하게 자라나야 할 다른 나무들이 메말라버릴 위험에 처하게 됩니다.

두 번째로 청소년 시기에는 숲의 전체를 보는 시야를 기를 때입니다. 숲 안으로 들어가기보다는 숲 밖으로 나와 숲이 어떤 모양으로 생겼으며, 어디에 어떤 종류의 나무가 자라고, 어디가 망가져 있는지를 확인해야 합니다. 그러나 연애에 집중함으로써 한 나무에만 신경 쓰다 보면, 숲의 전체를 보는 시야를 기르지 못하게 될 수 있습니다.

이러한 이유들로 이성교제(애인)를 이른 시기에 깊이, 자주 하는 것보다는 그냥 또래 친구로서 사귀거나, 가볍게 만나는 것이 건강합니다. 그렇다면 언제 이성교제를 하는 것이 바람직할까요?

스스로 인생이라는 숲을 가꿀 수 있을 때, 연애를 해도 자신의 숲을 망가뜨리지 않을 수 있을 때, 연애를 통해 서로가 서로의 숲을 가꾸는 것을 도와줄 수 있을 때, 저는 이럴 때 이성교제를 시작하라고 말하고 싶습니다.

결혼적령기라는 말이 있습니다. 이 말은 단순히 육체적으로 성숙한 사람들에게 붙이는 말이 아닙니다. 결혼적령기라는 말은 '정신적, 경제적으로 부모님에게서 독립할 수 있는가?', '한 가정의 남편, 또는 아내로서 살아갈 준비가 되었는가?', '신앙적으로 자녀들을 올바르게 양육할 수 있는 수준에 있는가?' 이런 여러 요소들이 준비가 되었을 때 비로소 결혼적령기라는 말을 하게 됩니다. 누군가에게 결혼적령기는 20살일 수도 있지만, 누군가에게 결혼적령기는 30살일 수도 있습니다.

이성교제 또한 같습니다. 누군가는 이른 시기에도 이성교제를 할 준비가 되어 있기도 합니다. 그러나 대부분의 사람들은 그렇지 않습니다. 그러므로 일찍부터 이성교제를 하기 보다는 이성 동성 가리지 않고 다양하게 친구를 많이 사귀어 교제하는 것이 바람직합니다.

5. 순결 맹세 꼭 필요할까?

(1) 맹세의 진짜 의미

하나님께서 천지를 만드실 때, 아담과 하와가 서로 신뢰하며 살아갈 수 있도록 이 세상을 만드셨습니다. 즉, 애당초 인류는 맹세 같은 행위를 하며 살 필요가 없었던 겁니다. 태초의 인류는 영원한 하나님의 언약 속에 존재했고, 모든 것이 완전한 신뢰 속에 있었습니다.

맹세는 인류가 타락하면서 시작됐습니다. 인간 본성에 죄가 들어왔고, 그 죄악으로 인해 서로를 믿지 못하는 사태가 발생했습니다. 믿지 못하기 때문에 자신을 믿어달라고 하는 약속, 이것이 맹세입니다. 따라서 이 세상의 맹세는 인간의 타락을 반증하는 것이기도 합니다.

(2) 작은 아이와의 약속

몇 년 전, 작은 아이의 키가 또래들보다 너무 작아서 걱정을 많이 했던 적이 있습니다. 고민하던 저는 작은 아이를 독려하고자 한 가지 약속을 했습니다. 키가 165㎝ 이상 자라면 그렇게도 갖고 싶어 하던 최신 스마트폰을 사주겠다고 약속한 것입니다.

이 약속을 받은 딸아이는 평소와 완전히 다른(?) 생활을 하기 시작했습니다. 음식을 골고루 먹는 것은 물론이요, 시간을 정해서 열심히 운동도 했습니다. 더 대단한 것은 키를 키우기 위해 한의원에 가서 아픈 침까지 맞았다는 것입니다.

그렇게 꾸준히 노력한 결과, 드디어 열매가 맺히기 시작했습니다. 작은 아이의 키가 한 해에 무려 10㎝ 이상 큰 것입니다. 한편으로는 무척 기뻤으나 한편으로는 조금 불안해졌습니다. 최신 스마트폰의 가격이 장난이 아니었던 겁니다. 고민하던 저는 딸아이에게 조심스럽게 "최신 스마트폰보다 한 단계 낮은 폰으로 바꿔주면 안 되겠니?"라고 물었습니다.

그런데 작은아이가 이렇게 말하는 것이 아니겠습니까? "아빠! 목사님이 돼서는 말을 바꾸면 안 되지!" 딸아이의 말을 듣고 즉시로 회개한(?) 저는 약속대로 딸아이의 키가 165㎝ 이상 되면 최신 스마트폰을 사주기로 했습니다.

(3) 순결서약과 맹세

성도가 약속을 하기 전에 점검할 내용이 있습니다. 성도는 무리한 약속을 하지 않도록 항상 말과 행동에 주의를 기울여야 합니다. 애초에 지킬 수 없는 내용이라면, 약속을 하지 않는 게 더 올바른 것입니다. 순결서약도 이와 같습니다. 경솔히 순결서약을 했다가 그것을 지키지 못한다면 오히려 더 큰 죄책감에 빠질 위험성이 있습니다. 서원을 하고 지키지 못할 바엔 오히려 서원을 하지 않는 것이 더 좋습니다.

따라서 순결서약은 하기 전에 먼저 그것을 왜 해야 되는지에 대해 충분히 아이들에게 설명이 되어야만 합니다. 또 아이들이 진실로 그것을 이해하고 받아들일 준비가 되었을 때 하는 것이 좋습니다. 무작정 강요하는 식으로 순결서약을 하는 것은 올바른 것이 아닙니다.

또 서약을 한 것으로 모든 게 끝난 것은 아닙니다. 그것을 지킬 수 있도록 항상 하나님 옆에 붙어 있게끔

격려하는 것이 더 중요합니다. 또 혹 넘어지더라도 사랑으로 지켜주고 감싸 안아주는 일이 더 중요하다는 것을 잊어서는 안 됩니다.

8계명

8계명

도둑질하지 말라

1. 그리도 탐나니?

신명기 25:15-16절을 보면 장사하는 사람이 물건을 팔 때, 저울을 속여 파는 행위를 해선 안 된다고 금지하고 있습니다. 예를 들어 물건을 저울에 달아 팔 때 실제 무게는 8kg밖에 안 되는 상품을 10kg나 되는 것처럼 속여서 파는 것을 금지시킨 것입니다. 그 당시에도 나쁜 수법으로 사람을 속이는 상인들이 많이 있었던 것 같습니다.

성경은 이러한 행위를 두고 남의 것을 도둑질하는 것

이라고 말합니다. 이를 볼 때 십계명에서 말하는 도둑질이 타인의 물건을 실제적으로 훔치는 것만을 가리키는 것이 아님을 알 수 있습니다. 물건을 직접적으로 훔치진 않더라도, 이웃을 속여 자신의 이득을 취하면 그것 역시 도둑질이라고 십계명은 가르치고 있습니다. 다시 말해 돈을 벌기 위해 타인을 속이는 일체의 행위들은 모두 도둑질이 됩니다.

그러나 오늘날 상거래에서는 타인을 속여 자신에게 이득이 되도록 하는 일들이 무척 자연스러운 일이 돼버렸습니다. 그렇게 하지 않으면 먹고 살 수 없다고까지 말하면서 뻔뻔함을 유지하기도 합니다. 왜 이렇게까지 도둑질을 하는 것일까요? 그것은 바로 탐욕 때문입니다.

성경에서 말하는 이웃사랑은 이웃의 재산을 탐하지 않는 것을 넘어, 이웃이 잘 될 수 있도록 적극적으로 도와주는 행위까지를 뜻하고 있습니다. 그러므로 우리는 이웃의 재산을 탐하지 않는 것은 물론이고, 장사를 하거나 사업을 할 때 공정한 방식으로 사업을 해야 합니다. 그것이 이웃에게 피해를 주지 않고, 서로 도우며 살아갈 수 있는 '진정한 이웃 사랑이' 되기 때문입니다.

2. 물건만 안 훔치면 된다고?

이웃에 대한 도둑질은 이뿐만이 아닙니다. 출애굽기 22:25절에 보면 "네가 만일 너와 함께 한 내 백성 중에서 가난한 자에게 돈을 꾸어 주면 너는 그에게 채권자 같이 하지 말며 이자를 받지 말 것이며"라고 기록하고 있습니다. 또 신명기 23:19절에서는 "네가 형제에게 꾸어 주거든 이자를 받지 말지니 곧 돈의 이자, 식물의 이자, 이자를 낼 만한 모든 것의 이자를 받지 말 것이라"라고 말씀하고 있습니다.

그러나 이스라엘 백성들은 성경의 말씀을 어기고 같은 형제에게 돈을 빌려주고도 이자를 받고 심지어 형제를 노예로 팔아넘기기까지 했습니다(느헤미야 5:1-8). 고대 사회에는 가난한 사람들이 이자를 갚지 못하면 가족을 노예로 팔아넘겨서 갚는 일이 빈번하게 발생하곤 했습니다. 그런데 하나님을 믿는 백성들이 이런 이방민족들의 잘못된 관습까지도 따라한 것입니다.

잠시 6계명을 되짚어 보고자 합니다. "살인하지 말라"
는 6계명의 말씀은 육신의 생명뿐만 아니라 정신의 생명
까지도 짓밟아서는 안 된다는 의미를 포함하고 있습니다.
그런데 우리가 가난한 자들을 착취하고, 그들을 가난에서
벗어나지 못하도록 만든다면 그들의 정신을 피폐하게 만
드는 행위가 돼버립니다.

다른 사람에게 돈을 빌리게 되는 이유는 대부분 가난
하기 때문입니다. 우리는 이런 가난한 이웃을 돕고 사는
그리스도인이 되어야 합니다. 가난하면 뜻하지 않게 돈의
노예가 돼버립니다. 그렇게 살고 싶지 않아도 돈 때문에
어쩔 수 없이 자유를 상실한 삶을 살아가게 되는 경우가
많습니다. 노예에게는 인권이라는 것이 존재할 수가 없습
니다. 노예는 자유가 없습니다. 이건 하나님께서 처음 인
류를 창조하신 뜻이 아닙니다.

따라서 그리스도인끼리는 혹 돈을 빌려주게 되더라도
가난한 사람으로부터는 이자를 받지 않는 것이 현명한

일이라 할 수 있을 것입니다. 돈을 빌려주는 일은 가난한 사람을 도와주는 일이 되어야 합니다. 그런데 이자로 말미암아 오히려 그를 더 괴롭게 한다면 하나님 보시기에 그것은 올바른 일이 될 수 없습니다.

3. 재물은 누구의 것인가

(1) 하나님 없으면 돈도 없다

하나님께서는 세상을 만드실 때, 이 세상 모든 것(자연에서 얻어지는 모든 것)들을 특정한 어느 누구가 더 많이 누리도록 만들지 않으셨습니다. 하나님은 모든 인류가 그 분이 창조한 세상의 모든 것들을 공평하게 다 누리며 살도록 창조하셨습니다.

철강회사들은 자연에서 금속을 캐내어 그것으로 제품을 만들어 팝니다. 그리고 자기들끼리 막대한 이득을 챙깁니다. 그런데 땅 속에 묻혀 있던 금속의 원래 주인은 누구십니까? 지구를 창조하신 하나님의 것입니다. 우리가 얻는 이득은 모두 하나님으로 말미암아 얻을 수 있는 것입니다. 그런데 철강회사들은 하나님이 만드신 금속을 마음대로 캐내어 사용하면서 단 한 번도 하나님께 그 값을 지불한 적이 없습니다. 그리고 자신들은 거기서 얻은 이득으로 풍요로운 삶을 누리고 살아갑니다.

베스트셀러였던 '정의란 무엇인가?'(출판사 : 김영사)의 저자인 마이클 샌델 박사는 자신의 강연에서 이렇게 말했습니다. "정의란 공정한 배분이 이뤄지는 것입니다." 그런데 그가 말하는 공정한 배분이 방금 제가 말한 내용과 동일합니다.

자연에서 얻은 것들은 원래부터 그 어느 개인의 것도 아닌 모든 인류의 것이라고 그는 주장합니다. 따라서 회사들은 자연에서 얻은 이윤을 인류에게 환원해야 한다고 그는 말합니다. 정유회사는 석유 이득금을, 철강 회사는 철강 이득금을, 다시 사회로 환원해야 한다고 말합니다.

(2) 청지기와 재물
앞서 살펴보았듯이, 우리는 하나님이 만드신 자연과 그 자원들이 우리의 것이 아니라는 생각을 가지고 살아야 합니다. 우리는 잠시 하나님으로부터 자원들을 위탁받은 것입니다. 달란트 비유에서 잠시 주인의 것을 맡게 된 종들이 큰 달란트, 작은 달란트를 가지게 된 것과 같습니다(마태복음 25:14-30).

"세계가 다 내게 속하였나니…"(출애굽기 19:5)
"땅과 거리에 충만한 것과 세계와 그 가운데에 사는 자들은 다 여호와의 것이로다"(시편 24:1)

그렇기에 우리는 청지기 된 자세로 재물을 사용할 수 있어야 합니다. 청지기 된 성도는 자신의 소득에 맞는 생활을 할 수 있어야 합니다. 그게 신자의 실력입니다. 항상 자신의 소득 수준을 알고, 과소비나 무리한 사업을 벌이지 않도록 주의해야 합니다. 더 나아가 이웃의 소득과 자신의 소득을 비교하거나, 이웃의 소득을 부러워해서도 안 됩니다. 자칫하면 그것이 질투로 이어져 낙심과 좌절은 물론이요, 이웃에 대한 미움까지 불러올 수도 있기 때문입니다.

4. 직업에도 귀천이 있다

보통 직업에는 귀천이 없다고 말합니다. 그러나 성경은 분명 직업에도 귀천이 있다고 말하고 있습니다. 다만 성경적인 직업의 귀천은 세상이 말하는 귀천과 다르다는 것을 우리는 알아야 합니다. 성경에서 말하는 직업의 귀천은, 돈을 많이 벌거나 적게 버는 것에 달려 있지 않습니다. 또 일이 험하거나 고된 것에 달려 있지 않습니다.

세상에는 이웃을 속여 재산을 뺏는 일들을 정당한 경제활동, 또는 정당한 직장으로 여기는 경우가 있습니다. 예를 들어 카지노 사업이 그렇습니다. 카지노는 국가가 합법적으로 권장하는 사업으로 국가에 의해 관리되고 육성됩니다. 심지어 대학교에서도 카지노 딜러 육성학과가 있을 정도입니다. 그곳에서 학생들은 전문 딜러로 교육받고, 카지노를 직업으로 삼아 돈을 벌게 됩니다.

도박은 성경적으로 올바르지 않은 일입니다. 카지노 딜러라는 직업은 비록 자신은 도박을 하지 않더라도, 다른 사람이 도박을 할 수 있도록 도와주고, 도박 산업이 유지될 수 있도록 도와주는 역할을 하게 됩니다. 따라서 그리스도인이라면 이런 직업은 돈을 많이 벌더라도 가급적 택해서는 안 될 것입니다. 세상에서 카지노 딜러는 좋은 직업인 데다가, 합법적인 직업일 것입니다. 그러나 그리스도인으로서 우리는 이웃을 고통 속에 빠트릴 수 있는 직업에 대해서는 선택을 고려해야 합니다.

또 성경적 기준에 의하면 돈을 많이 벌지 못하는 데다가, 힘들고 고된 직업일지라도 좋은 직업 또한 존재합니다. 사람들의 영혼과 육신을 도와줄 수 있는 일, 타인을 위해 봉사하는 직업이 그렇습니다. 그들은 돈을 많이 벌 수 없다는 것을 잘 알면서도 그 길을 택한 자들입니다. 그러므로 항상 우리는 그들을 응원해주고, 도와줄 수 있어야 합니다. 그들 또한 자신들이 돈을 잘 벌 수 없음을 알면서도 더 선한 가치를 위해 그 직업을 택한 것이기 때문입니다.

9계명

9계명

네 이웃에 대하여 거짓증거하지 말라

1. 거짓말을 하는 이유

거짓말이 나쁜 행동이라는 것을 모르는 사람은 아무도 없습니다. 타락한 인간은 거짓말이 나쁜 것임을 알면서도 계속 하게 됩니다. 그렇다면 거짓말을 하게 되는 가장 주된 죄악은 무엇일까요? 그것은 바로 교만입니다. 최초의 죄는 거짓으로부터 시작되었는데, 이 거짓의 근원이 바로 교만이기 때문입니다.

뱀은 에덴동산에서 평화롭게 살아가던 아담과 하와에

게 선악과를 먹으라고 유혹했습니다. 그런데 아담과 하와에게 선악과를 먹도록 뱀이 유혹한 내용이 바로 거짓입니다. 뱀은 선악과를 먹으면 "하나님처럼 된다."라고 거짓말을 했습니다. 그리고 아담과 하와는 이 달콤한 거짓말에 속아 진짜로 자신들이 하나님처럼 될 수 있을 것이라는 착각에 빠지게 되었고, 그만 선악과를 먹고 말았습니다. 하나님처럼 되고 싶다는 교만, 하나님처럼 될 수 있다는 교만이 태초의 인류를 타락하게 만들었습니다. 이는 피조물의 본분과 본질을 잊어버린 죄악된 행위였습니다.

뱀(사탄)은 본질적으로 교만한 존재이고, 또한 거짓된 존재입니다. 예수님은 그를 거짓의 아비라고 불렀습니다 (요한복음 8:44). 왜 그럴까요? 사탄은 하나님 없이도 자신이 홀로 설 수 있다고 믿었고, 자신이 하나님처럼 될 수 있다고 믿었습니다. 피조물이 창조주처럼 되려고 한 그의 행동이 교만에서 비롯된 것이었고, 그 행동은 이뤄질 수 없는 것이기에 거짓된 행동이 되고 맙니다. 그래서 그는 교만과 거짓으로 똘똘 뭉쳐 있는 존재입니다.

그래서 인간 또한 거짓말을 하는 그 깊은 속내를 살펴보면, 그 속에 항상 교만이 자리 잡고 있다는 것을 알수 있습니다. 제임스 패커 목사님의 책을 통해 잠시 그교만의 내용을 2가지로 나눠 살펴보고자 합니다.

첫째, 인간은 자신의 유익을 위해 상대를 속입니다. 8계명에서 살펴본 남의 것을 도둑질하는 상인들을 생각해봅시다. 그들은 8kg짜리 물건을 10kg라고 속이고 돈을더 받아 이득을 챙깁니다. 왜 거짓으로 상대를 속입니까? 자신의 이익을 위해서입니다. 타락한 인간은 자신의 이익을 위해서는 다른 사람에게 피해를 끼쳐도 상관없다고생각하게 되었습니다. 그런데 이는 무척 교만한 생각입니다. 왜냐면 모든 사람이 다 존귀한 존재이기 때문입니다. 자신의 유익을 위해 다른 존재에게 상처 입혀도 괜찮다는 논리는, 자신이 더 중요하고 다른 사람은 중요하지않다는 교만한 생각에서 비롯됩니다.[2]

둘째, 사탄에게 속은 인간은 에덴동산에서 쫓겨난 후에 자존감에 깊은 상처를 받게 되었습니다. 만물의 영장,

---

2) 제임스 패커, 『기독교 기본 진리 십계명』, (출판사: 아바서원) 92~93p

하나님이 창조한 가장 뛰어난 피조물이었던 인간이 순식간에 타락한 존재로, 하나님의 저주를 받은 존재로 추락하게 됐기 때문입니다.

이로 인해 인간은 자신을 당당하게 드러내지 못하고 숨는 존재가 되었습니다. 왜 그럴까요? 죄는 근본적으로 잘못된 것입니다. 그런데 잘못된 것을 행하거나 그것을 갖고 있는 사람은 떳떳할 수 없습니다. 타락한 이후, 인간은 죄를 지니고 있기 때문에 본질적으로 하나님 앞에 떳떳하게 설 수 없습니다. 하나님 앞에 선 인간은 초라해지고, 연약해지고, 부끄러워집니다.

그러나 인간은 자신이 그런 존재라는 것을 감추고 싶어 합니다. 여전히 능력 있고, 뛰어난 존재로 남고 싶기 때문입니다. 그래서 그것을 남들에게 증명하고 과시하려고 합니다. 그것이 거짓으로 연결되고, 결국 인간은 남에게 자신을 거짓되게 과장하여 알림으로써 스스로 자존감을 높이려고 발버둥 치게 됩니다. 그리고 그 거짓이 드러날 때, 인간은 그것에 대해 승복하기보다는 오히려 자신의 자존감을 상처 입혔다는 이유로 이웃을 미워하고 심지어 복수의 칼날을 들이대기도 합니다.

2. 나쁜 거짓말 VS 좋은 거짓말

(1) 거짓말로 복을 받은 사람들

시편 34:13절에서 다윗은 "네 혀를 악에서 금하며 네 입술을 거짓말에서 금할지어다"라고 고백하고 있습니다. 그런데 이렇게 말하는 다윗도 거짓말을 한 적이 있다는 것을 아시나요?

사무엘상에 보면 사울이 다윗을 죽이려고 쫓아다닐 때, 다윗이 사울을 피해 가드 왕 아기스에게 가는 장면이 나옵니다(사무엘상 21:10~15). 그런데 여기서 다윗은 아기스에게 죽임당하는 것이 두려워 거짓으로 침을 흘리고 미친 사람인 척합니다. 그래서 다윗은 아기스를 속이고 죽임을 당하지 않았습니다. 그런데 다윗은 이 일로 인해 하나님께 책망 받은 적이 없습니다.

이뿐만이 아닙니다. 성경에서는 심지어 거짓말을 통해

하나님께 복을 받은 인물들도 등장하고 있습니다. 출애굽기를 보면 바로가 산파 두 명에게 이스라엘 백성에게서 태어난 남자아이를 모두 죽이라고 명령했을 때, 산파들이 하나님을 경외하므로 그러지 않았다는 장면이 나옵니다. 그런데 이들은 바로 앞에서 거짓말을 합니다. 바로가 '왜 남자아이들을 살려두었냐'고 묻자, 산파들이 '우리가 가기도 전에 그 남자아이들이 태어나버렸다'고 거짓말을 합니다(출애굽기 1:15~19).

더 나아가 출애굽기 1:21절에서는 "그 산파들은 하나님을 경외하였으므로 하나님이 그들의 집안을 흥왕하게 하신지라"라고 기록하고 있습니다. 여호수아 2장에 나오는 기생 라합은 어떻습니까? 그는 이스라엘의 정탐꾼을 거짓말로 감춰두고 살려주었습니다. 그로 인해 복을 받은 라합은 나중에 예수님의 족보에 등장하는 영광을 누리게 됩니다.

(2) 거짓말에 기준이 있다고?
우리는 성경에 나오는 여러 사건을 통해서 거짓말이라고 무조건 하나님 앞에 죄가 되는 것이 아니라는 사실을 알게 되었습니다. 우리는 흔히 나쁜 거짓말도 있는 반면, 다른 사람들을 도와줄 수 있는 하얀 거짓말도 있다고 말합니다. 성경에서도 마찬가지로 거짓말에 대해 선하고 악한 것이 있음을 알려주고 있습니다. 이제부터 성경에서 말하는 악한 거짓말과 선한 거짓말의 기준을 살펴보려고 합니다.

시편 34편에서 표현된 '거짓'이라는 단어는 '기만, 속이다, 배반하다'라는 뜻으로 구약에서 40회나 사용이 됩니다. 이 단어는 인간이 하나님을 속이려 할 때 사용되는 단어입니다. 그런데 인간이 하나님을 속일 수 있습니까? 절대 그럴 수 없습니다. 가끔 강아지들이 숨을 때 자신의 머리만 숨기고는 다 숨었다고 생각하는 것을 보게 됩니다. 커튼 속에 머리만 쏙 집어넣고는 아무도 자길 볼 수 없을 거라고 생각하는 것입니다. 인간의 거짓말도 하나님 앞에서 이와 같습니다.

하지만 그럼에도 불구하고 하나님도 속일 수 있다고 믿는 인간들이 있습니다. 이들은 양심의 가책 없이 자신의 유익을 위해 하나님을 속이려 하고, 다른 사람들을 속이며 살아갑니다. 이는 하나님을 '기만'하는 행위로서 악한 거짓말이 됩니다. 또한 하나님을 기만하는 행위는 자연스럽게 하나님의 이름을 욕되게 하는 행위로 이어지게 됩니다. 3계명인 하나님의 이름을 망령케 부르는 것으로 이어지게 됩니다.

이를 통해 우리는 성경에서 말하는 거짓말의 기준이 하나님께 있음을 알 수 있습니다. 거짓말의 옳고 그름은 그 거짓말이 하나님 편에 속한 것인지, 아닌 것인지를 통해 분별할 수 있습니다. 다윗은 악한 의도로 자신을 죽이려고 하는 아기스에게서 벗어나기 위해 어쩔 수 없이 거짓말을 했습니다. 이집트 산파들은 하나님의 자녀들을 죽이라는 악한 명령을 거부하기 위해 거짓말을 했습니다. 라합은 하나님의 백성들을 죽이려는 악한 시도에서 그들을 구하기 위해 거짓말을 했습니다. 모두 악한 자들에 맞서 하나님 편에 서기 위해 거짓말을 한 것입니다.

악한 거짓말은 하나님의 공의와 공정성을 사라지게 만들고, 불의와 불공평이 판을 치게 만듭니다. 그러나 선한 거짓말은 하나님의 공의와 공정성을 더 빛나게 만들고,

불의와 불공평으로부터 하나님의 자녀들을 구해냅니다.

사고로 얼굴에 심한 화상을 입은 아내가 남편과 함께 TV를 보다가 어여쁜 여자배우가 등장하는 것을 보게 되었습니다. 아내가 조심스레 남편에게 물었습니다.

"여보 내가 예뻐? 아니면 TV에 나오는 여배우가 예뻐?"

이럴 때에는 당연히 아내가 TV 속 여배우보다 예쁘다고 말을 해야 합니다. 그것이 지혜로운 행동입니다. 가정을 화목하게 만들고, 부부 간의 사랑을 더 돈독히 만드는 이런 거짓말에 대하여 하나님께서는 결코 징계(?)하지 않으십니다.

또 한 가지 경우가 더 있습니다. 만약 자신의 무지로 인해 거짓 사실을 알리게 됐을 때는 어떻게 될까요?

예를 들자면 최근 유행한 코로나 바이러스의 예방법에 대해 잘못된 사실이 대중 사이에 많이 퍼져나간 적이 있습니다. 소금물을 몸 곳곳에 뿌리거나 입안에 뿌리면 코로나 바이러스가 사멸되기 때문에 바이러스를 예방할 수 있다든지, 아니면 비타민을 많이 먹으면 코로나 바이러스를 예방할 수 있다든지, 특정 한약이나 비싼 건강식품을 먹으면 코로나 바이러스를 예방할 수 있다든지 하는 불분명한 사실들이 대중 사이에 널리 퍼지게 됩니다.

이는 코로나 바이러스에 대해 잘 모르고 있던 사람들이 급한 마음에 잘못된 사실을 퍼뜨리게 된 것으로서, 무지로 인해 거짓을 유포했다고 볼 수 있습니다. 그러나 다행히도 하나님께서는 무지로 인한 죄에 대해 그 죗값을 물지 않겠다고 말씀하셨습니다.

> ³¹그러므로 내가 너희에게 이르노니 사람에 대한 모든 죄와 모독은 사하심을 얻되 성령을 모독하는 것은 사하심을 얻지 못하겠고
> ³²또 누구든지 말로 인자를 거역하면 사하심을 얻되 누구든지 말로 성령을 거역하면 이 세상과 오는 세상에서도 사하심을 얻지 못하리라 (마태복음 12:31~32)

이 말씀이 의미하는 것은 예수님을 잘 모르는 상태에서 그저 겉으로만 예수님을 알고 그를 모욕하는 것은 용서받을 수 있습니다. 즉, 예수님을 그저 입으로만

거역하고 모독하고 그에게 죄를 저질러도, 이는 예수님을 잘 모르고 지은 죄이기에 나중에 예수님을 진정으로 알게 되어 예수님을 믿게 되면 죄 사함을 받을 수 있습니다.

그러나 예수님께서는 성령을 거역하는 것, 즉, 예수님을 진정한 구원자로 받아들이고 그분이 주시는 성령을 깊이 깨달은 이후에 예수님과 성령을 모욕하면, 이는 예수님을 진정으로 알면서도 그분을 거부한 죄를 저지른 것이기에 결코 죄 사함을 얻지 못할 것이라 말씀하셨습니다.[3]

'뉴스, 믿어도 될까?'의 저자 구본권 씨는 오보와 가짜뉴스의 차이를 '의도가 있느냐 없느냐'로 보았습니다. 오보는 의도하지 않았지만 결과적으로 잘못된 정보를 내보낸 경우이고, 가짜뉴스는 처음부터 악한 의도를 갖고 만들어낸 거짓 정보입니다.

오보는 이웃에게 피해를 입힐 의도는 아니었음에도 결국 결과적으로 피해를 주게 됩니다. 그러나 오보를 내

---

3) 매튜 풀, 『청교도 성경주석 14 마태복음』, 박문재 역, (서울: 크리스챤다이제스트, 2016) 280~281p.

보낸 정보기관은 그것이 오보라는 것을 안 순간, 곧바로 정정 보도를 합니다. 사람들에게 도움을 주기 위해 기사를 작성한 것이므로 피해를 끼친다는 것을 알게 되면 이를 계속 내보낼 필요가 없기 때문입니다.

그러나 반대로 가짜뉴스는 어떤 악한 목적을 갖고 고의적으로 제작된 것이기에, 설령 그것이 가짜뉴스라는 것이 밝혀지고, 그 뉴스로 인해 사람들이 피해를 입게 되었다 할지라도 절대로 정정 보도를 하지 않습니다.

가짜뉴스는 우리 생활 속에서 쉽게 접할 수 있습니다. 심지어 어떤 사람은 잘못된 기사나 정보를 전달해놓고서는, 자신이 그러지 않았다며 발뺌을 하기도 합니다. 그러나 자신이 원인 제공자였음에도 불구하고 그 진실을 밝히지 않는다면, 그것은 또 다른 가짜뉴스를 퍼뜨리는 죄를 추가로 짓는 것입니다.

그러므로 오보는 용서받을 수 있는 죄이나, 가짜뉴스는 심각한 거짓말인 데다가, 이웃에게 피해를 주기 위한 목적으로 사용되는 것이므로 하나님 앞에서 쉽게 용서받

을 수 없는 큰 죄가 됩니다.[4]

3. 거짓말의 위험성

우리는 습관적으로 거짓말을 하곤 하지만, 그 거짓말이 큰 위험성을 가지고 있다는 것은 잘 모르는 것 같습니다. 예를 들어 절친한 친구가 사기꾼의 거짓말에 속아서 큰돈을 뺏겼다고 해봅시다. 그는 믿었던 사람에게 배신을 당했다는 분노로 인해 몸이 망가지고 정신적으로 문제가 생기고 말 것입니다. 최악의 경우, 스스로 목숨을 끊는 일까지 일어날 수도 있습니다.

이 거짓말은 9계명을 범한 것으로 끝나지 않습니다. 6계명인 '살인하지 말라'는 계명까지 어긴 거짓말이 되는 것입니다. 더 나아가 하나님께서 생명을 귀히 여기라고 하셨던 말씀을 지키지 않았으므로 하나님의 이름을 망령되게 만들었습니다. 3계명마저 범하는 죄를 짓게 됩니다.

---

4) 구본권, 『뉴스, 믿어도 될까?』, (서울: 풀빛, 2018) 258~259p.

[그림 묵상]

10계명

10계명

네 이웃의 집을 탐내지 말라

1. 탐심은 우상이다

(1) 탐심은 죄의 근원

최근 젊은이들 사이에서 무척이나 인기 있는 영화들이 있습니다. 바로 마블 스튜디오에서 나오는 히어로 영화들입니다. 저 또한 몇 편의 마블 히어로 영화들을 봤는데, 멋진 영웅들이 악당들을 물리치는 것을 보면 저도 모르게 속이 시원해지는 것을 느끼게 됩니다.

이 히어로 영화에서 반드시 등장하는 역할이 있는데

바로 악당입니다. 악당은 주인공의 앞길을 가로막고, 때로 주인공을 큰 위험에 처하게 만듭니다. 다행히 주인공들은 악당의 계략에서 빠져나와 결국은 악당을 물리치게 되죠. 그런데 영화를 보다 보니 이런 악당들의 행동에 한 가지 공통점이 존재한다는 것을 발견했습니다. 그것은 바로 악당들이 대부분 탐심 때문에 악한 행동을 하게 된다는 것이었습니다.

흔한 유형으로는 세계정복(?)이 있습니다. 세상을 지배한 후에 자기 뜻대로 세계를 주무르려 하는 것이죠. 이 외에도 악당들은 돈을 벌기 위해, 사랑하는 사람을 차지하기 위해, 등등 다양한 목적을 이루기 위해 악한 수단을 사용합니다.

반면에 선한 역을 맡은 주인공은 대부분 탐심이 없는 경우가 많습니다. 캡틴 아메리카, 스파이더 맨, 토르, 헐크 등은 모두 지구를 지키고자, 착한 사람들을 지키고자 하는 선한 의지를 갖고 행동합니다. 이들은 다른 사람들을 위해 자신의 물질을 양보하기도 하고, 심지어 자신의 생명까지도 내어줍니다.

이런 것을 보다보면 탐심이 얼마나 흔한지, 또 얼마나 심각한 죄인지 금방 가늠이 되는 것 같습니다. 거의 모든 죄악의 시작이 탐심으로부터 시작된다고 해도 과언이 아닐 정도입니다.

(2) 탐심이 우상을 만든다

탐심은 곧 우상이 됩니다. 이스라엘 백성들은 더 많은 농산물을 얻기 위해 풍요의 신인 '바알'을 만들어 섬겼습니다. 거기에 더하여 농사에 필요한 일꾼을 얻기 위해 다산의 신인 '아세라'도 만들어 섬겼습니다. 탐욕이 우상의 시작이 되어 버립니다.

이 세상에도 탐욕 때문에 우상을 섬기는 자들이 얼마나 많이 있는지 모릅니다. 어떤 사람들은 돈을 섬깁니다. 돈에 미쳐 사람을 속이고, 부정직한 방법을 씁니다. 어떤 사람들은 권력에 미쳐 살아갑니다. 더 많은 권력을 얻기 위해, 온갖 부정부패를 저지르면서까지 위로 올라가려고 발버둥 칩니다. 돈, 권력, 이성, 명예, 이런 것들이 현대 시대의 우상이 되는 이유는 바로 그것들을 가지라고 소리치는 탐심에 마음이 심하게 기울어졌기 때문입니다.

2. 다윗의 탐욕

십계명은 각각의 계명을 따로 따로 떼어 생각할 수 있는 것이 아닙니다. 십계명은 포괄적이며, 전체가 유기적으로 연결되어 있습니다. 앞서 우리가 배운 것들에서 보았듯이, 사기 친 사람은 거짓말하지 말라는 9계명뿐만 아니라 하나님의 이름을 망령되이 여기지 말라는 3계명까지도 어기게 됩니다.

다윗은 모든 면에서 하나님 보시기에 합당한 사람이었지만, 그의 생애에 있어 씻을 수 없는 큰 죄를 지은 적이 있었습니다. 바로 우리아의 아내 밧세바를 탐내어 그녀를 취한 죄입니다. 전쟁터에 나가지 않고 왕궁에서 쉬던 다윗은 우연히 목욕하던 밧세바를 보게 됩니다. 그녀에게 한눈에 반한 다윗은 남의 아내임을 알면서도 그녀를 왕궁으로 데려와 침대에 눕히고 맙니다. 그런데 다윗은 밧세바가 자신으로 인해 임신하게 되자, 그녀의 남편 우리아를 가장 치열한 전쟁터로 보내 일부러 죽게 만듭니다(사무엘하 11장).

다윗은 이 큰 죄를 지으면서 순식간에 많은 계명을 어기고 말았습니다. 먼저 남의 아내를 탐내는 죄를 지었으니 '남의 것을 탐내지 말라'는 10계명을 어겼습니다. 그 다음으로는 간음죄를 저질렀으므로 '간음하지 말라'는 7계명을 어기게 됩니다. 이후 임신사실을 감추려고 거짓으로 우리아를 왕궁으로 불렀으므로 '이웃에게 거짓증거하지 말라'는 9계명도 어기게 됩니다. 또한 우리아를 전쟁터에 나가 고의로 죽게 했으므로 '살인하지 말라'는 6계명까지 어기고 맙니다. 단 한 번의 실수로 인해 순식간에 4가지 십계명을 어기고 만 것입니다.

하나님은 이런 다윗의 악한 행동을 보시고 다윗을 징계하기로 하셨습니다. 이로 인해서 다윗은 죽을 때까지 자신의 집안에 칼이 떠나지 않게 되리라는 예언을 받게 됩니다. 그리고 하나님의 예언은 그대로 성취되어 다윗 아들들 간에 서로 죽고 죽이는 피바람이 불게 됩니다.

오늘 우리는 다윗이 저지른 죄악을 통해 중요한 한 가지를 깨달을 수 있습니다. 그것은 바로 다윗의 죄악이 탐심으로부터 시작되었다는 것입니다.

3. 세상을 지배하는 맘몬

(1) 돈은 전능합니다

사탄이 세상을 지배하는 가장 큰 무기는 바로 돈입니다. 성경에서는 돈을 '맘몬'이라고 불렀습니다. 이는 돈을 물질이 아니라, 살아서 움직이는 하나의 인격체로 표현한 것입니다. 실제로 중세의 많은 신학자들은 돈을 두고 실제적으로 존재하는 악마라고 정의내리기도 했습니다.

TV매체를 보다 보면 직접적으로 "돈이면 다 된다"고 말하지는 않지만, 간접적으로 "돈이면 다 됩니다."라고 표현하고 있는 것을 볼 수 있습니다. 좋은 물건, 좋은 음식, 좋은 집, 좋은 차, 이런 것들을 가지는 것. 그게 행복한 삶이라고 TV는 보여줍니다. 그리고 이런 것들 대부분이 돈으로 살 수 있습니다.

인간이 화폐제도를 만들 당시에는 인간이 돈의 주인이었습니다. 그러나 화폐가 만들어진 이후에는 돈이 인간의 주인이 되고 말았습니다. 돈은 현대사회의 인류에게 권력이자, 신입니다. 살인을 하고도 돈으로 자신의 살인을 덮는 경우가 있습니다. 돈이 많은 사람은 왠지 모르게 멋져 보이고, 좋은 사람, 뛰어난 사람처럼 보입니다. 돈이 많으면 사람을 조종할 수도 있고, 가난한 사람들은 절대 할 수 없는 엄청나게 많은 것들을 누리며 살아갈 수 있습니다.

현대사회의 돈은 전능합니다. 그러니 부자들은 하나님을 찾지 않습니다. 돈이 있으니 굳이 하나님이 필요 없다고 생각합니다. 돈을 가진 자신들이 곧 신이고 사회의 주인이기 때문입니다. 이들이 믿을 수 있는 유일한 존재는 사람도 아니고 하나님도 아니고 바로 돈입니다. 그래서 더 많은 돈을 소유하기 위해 수단과 방법을 가리지 않습니다. 돈을 모을 수만 있다면 사람을 죽이는 일조차 두려워하지 않습니다.

사도 바울은 디모데전서 6:10절에서 "돈을 사랑함이 일만 악의 뿌리가 되나니 이것을 탐내는 자들은 미혹을 받아 믿음에서 떠나 많은 근심으로써 자기를 찔렀도다"라고 우리에게 교훈하고 있습니다.

또 야고보 사도는 야고보서 4:8에서 "하나님을 가까이 하라 그리하면 너희를 가까이 하시리라 죄인들아 손을 깨끗이 하라 두 마음을 품은 자들아 마음을 성결하게 하라"라고 말씀하고 있습니다. 두 마음을 가진 자들이 누구입니까? 하나님을 섬긴다고 말하면서도 정작 자신의 마음이 돈에 빠져있는 자들입니다. 야고보 사도는 이런 사람들을 두고 '간음한 여인', '세상과 벗한 사람'이라고 가르치고 있습니다.

(2) 하나님이야? 돈이야?

우리는 한길만 선택해야 합니다. 신자가 돈에서 벗어날 수 있는 유일한 길은 야고보서에 기록된 대로 하나님을 가까이 하는 것뿐입니다. 그럴 때 우리는 돈이 없어도 충분히 만족할 수 있으며, 또 돈이 없어도 하나님이 이 세상에서 우리를 보호해주실 수 있다는 것을 깨닫게 됩니다. 만약 신자가 하나님만으로 충분히 만족하며 살아가지 못한다면 그 이유는 단 한 가지뿐입니다. 하나님을 믿지 못해서입니다.

물론 하나님을 믿지 못할 만큼 힘든 상황이 닥칠 수

도 있습니다. 몹시 가난한 가정에서 태어난 성도라면 하나님을 믿지 않는데도 떵떵거리고 잘사는 사람들을 볼 때 상대적 박탈감을 느낄 수도 있습니다. 원래라면 겪지 않아도 될 힘든 상황을 돈 때문에 겪어야 할 때도 있을 것입니다. 그러나 히브리서의 저자는 이렇게 말합니다. "믿음이 없이는 하나님을 기쁘시게 하지 못하나니 하나님께 나아가는 자는 반드시 그가 계신 것과 또한 그가 자기를 찾는 자들에게 상주시는 이심을 믿어야 할지니라" (히브리서 11:6)

힘들 때일수록 성도는 더 하나님을 믿고 의지할 수 있어야 합니다. 하나님은 자기를 찾는 자들에게 반드시 상주시는 이시기 때문입니다. 그분을 믿고 의지할 때 어려운 상황이 해결될 수 있습니다. 또 비록 상황이 변하지 않더라도, 믿음의 시선으로 그 상황을 견뎌내고 버틸 수 있는 힘을 허락해주십니다.

반대로 부유한 성도라 할지라도 그 또한 더 하나님을 믿고 의지해야 합니다. 돈의 유무와 상관없이 인간의 심령은 얼마든지 가난할 수 있기 때문입니다. 가난한 심령은 절대 돈으로 채워지지 않습니다. 또 하나님은 가난한 이웃을 도우며 살라고 말씀하셨습니다. 부유한 성도가 자신의 재산으로 하나님을 섬기고 이웃들을 도울 때, 하나님께서는 그에게도 상주시는 분으로 역사하십니다.

4. 이웃을 위한 삶

(1) 부동산을 많이 취하지 말라

탐욕을 부리지 않는 삶은 이웃을 돕는 삶과 직간접적으로 연결되어 있습니다. 탐욕을 부린다는 것은 원래 다른 사람에게 돌아가야 할 것을 욕심내서 취하는 것이기 때문입니다. 따라서 탐욕을 부리지 않는 삶은 이웃의 재산을 보존하고, 흥할 수 있도록 이웃을 돕는 삶을 뜻한다고도 볼 수 있습니다. 그렇다면 어떻게 하면 우리가 이웃을 위한 삶을 살 수 있게 될까요?

한국사회에서 부자가 되는 방법 중 가장 확실한 방법이 있다면 바로 부동산에 투자하는 방법일 것입니다. 집을 여러 채 사두면 나중에 집값이 올라서 큰 몫의 돈을 벌게 되는 것입니다. 이 세상에서 한 사람이 집을 여러 채 사는 것은 결코 불법이 아닙니다. 그런데 저는 이렇게 집을 여러 채 사두는 것이 하나님 앞에서도 정직할까? 라는 점에서 의문을 갖게 됩니다.

십계명은 자신의 부를 위해 집을 여러 채 사두는 행위가 하나님 앞에서 죄라는 사실을 우리에게 말해주고 있습니다. 한 지역에 지을 수 있는 집의 개수는 한정적입니다. 그런데 한 사람이 열 사람 이상의 집을 사두어 집값을 부풀린다고 해봅시다. 그로 인해 나의 이웃 가운데 열 명 혹은 열 가정은 시세보다 더 많은 돈을 주고 집을 사거나, 살 집을 얻지 못해 고통에 빠지게 되는 것입니다. 이는 간접적으로 이웃의 것을 탐하는 죄가 되고 맙니다.

예전에 제가 목회하던 교회의 근처에 있는 빌딩건물주에 대한 이야기를 들은 적이 있습니다. 큰 빌딩이어서 1, 2층에 여러 상점들이 들어서 있었는데, 그분들이 제게 건물주에 대한 칭찬을 자자하게 늘어놨기 때문입니다. 그래서 그 말을 들어보니, 10년 동안 임대금을 한 번도 올리지 않았다는 말을 듣게 되었습니다. 서로 상생하기 위해 그렇게 하셨다는 것입니다.

놀라서 그분이 어떤 분이길래 그렇게 하느냐고 물었더니, 충격적인 대답이 돌아왔습니다. 신실하게 부처를 섬기는 불자셨던 겁니다. 하나님을 믿지 않는데도 불구하고 하나님의 율법을 저렇게 신실하게 지키며 사는 사람들이 있는 걸 보고 저는 교회가 더 깨어 있어야 하겠다는 생각을 하게 되었습니다. 물론 그리스도인들 중에도 그렇게 하시는 분이 있을 거라고 전 믿습니다.

아무리 세상이 합법적인 것으로 기준을 세웠다고 해서, 신자는 자신의 부(富)를 위하여 많은 재산(집이나 땅, 현금)을 보유해서는 안 됩니다. 그것은 결국 하나님 앞에 바람직하지 못한 신앙의 태도가 되고 맙니다.